치매케어 텍스트북 II 총론

DEMENTIA CARE TEXTBOOK

노인연구 정보센터

추천의 글

••• 치매Dementia란 정상적이었던 뇌가 기질적으로 손상되거나 파괴되어 전반적으로 지능, 학습, 언어 등의 인지기능과 고등 정신기능이 저하되는 복합적인 임상 증후군을 이르는 말입니다. 전세계적으로 고령화가 빠르게 진행되면서, 치매노인의 수도 급증하고 있으며, 이로 인한 문제는 노인 자신은 물론 가정, 사회에도 영향을 미쳤고, 「치매와의 전쟁War on Dementia」이라고 일컬어질 정도로 심각하고 중요한 질병으로 인식되고 있습니다. 하지만 치매 치료는 현재 케어에 비중을 두고 진행되고 있습니다. 이런 시점에서 일본 치매케어 분야의 베스트셀러였고, 현재 국제치매케어전문사 시험의 교과서인 「치매케어 텍스트북」이 출간된 것은 대단히 시기 적절하고 뜻깊은 일이라고 생각됩니다. 특히 책의 내용도 케어 관련 종사자들이 손쉽게 학습할 수 있도록 체계적으로 구성되었습니다. 앞으로 한국에서 많은 케어 관련 종사자들에게 읽혀지고, 치매케어 발전에 큰 역할을 할 것이라 기대합니다. 이 책이 출판되기까지 각고의 정성과 노력을 다하신 주식회사 노인연구정보센터 황재영 대표에게 존경과 감사를 드립니다.

오병훈 (연세의대 정신과학교실 명예교수)

••• 한국형 치매케어의 새로운 모델을 정립하는 지침서가 될 「치매케어 텍스트북」이 발간된 것을 매우 기쁘게 생각합니다. 한국에서는 2008년 7월 노인장기요양보험제도가 도입되었고, 정부가 치매와의 전쟁을 선포할 정도로 치매 문제는 국가의 보건복지정책에서 최우선 순위가 되고 있습니다. 지금까지는

치매케어를 가족의 책임으로만 여겨왔지만, 이제 국가가 그 짐을 함께 나눠지게 되었습니다. 따라서 케어 실무자들은 이용자의 삶의 질을 향상시키고, 마지막까지 그의 인권을 존중하고, 대변자 역할을 하기 위해 케어 서비스의 질을 높여야 합니다. 이 책을 통해 실무자들이 치매케어의 원리와 노인의 존엄성을 지켜주는 케어를 실천할 수 있기를 바랍니다.

이성희 (한국치매가족협회 회장, 청암요양원 원장)

••• 「치매케어 텍스트북」은 치매케어 관련 학자, 연구자들과 현장 전문가들이 집대성하여, 현재 국제치매케어전문사 시험의 교과서로 쓰이고 있는 명저입니다. 이 책이 향후 요양보호사를 비롯한 관련 종사자들의 필독서가 되어, 한국의 치매케어 발전에 큰 공헌을 할 수 있기를 바랍니다.

김병한 (동명노인복지센터 시설장)

••• 치매가 대중에게 알려지기 시작한 것은 90년대 후반이지만, 이제 치매가 남의 일이 아니라는 것을 실감할 정도로 고령자 인구가 점점 늘어나고 있습니다. 그러면서 치매노인을 케어하는 문제가 사회적인 이슈로 떠오르게 되었습니다. 일본은 한국보다 20년 전에 고령화를 맞이했고, 현재 치매케어에 대한 많은 연구와 실천을 거듭하고 있습니다. 「치매케어 텍스북」은 이렇게 풍부한 경험 속에서 탄생하게 되었습니다. 치매케어에 관한 제반 사항이 총망라된 이 책이 한국에서도 출간된 것을 참으로 다행스럽게 생각합니다. 이 책을 통해 케어 관계자는 물론, 고령자와 그를 돌보는 가족, 일반 독자들까지 치매를 깊이 이해할 수 있게 되길 기대합니다.

윤가현 (전남대학교 심리학과 교수)

여는 글

이 책은 〈치매케어의 실제〉에 관한 전반적인 내용들을 담고 있다. 케어를 실천할 때 지켜야 할 기본적인 사항들은 물론 케어에 관련된 모든 사람에게 해당되는 중요한 과제들을 다루고 있다.

먼저 치매노인을 케어할 때, 그 사람의 상태에 맞는 목표를 어떻게 세우고, 구체적으로 진행할 것인지를 배우게 된다. 또한 케어하면서 직면하게 되는 여러 가지 상황들 속에서 가장 중요한 역할을 하는 의사소통 기술을 익힌다. 의사소통을 잘 할 수 있느냐 없느냐에 따라 케어의 성패가 달라진다고 해도 과언이 아니다. 케어의 질을 향상시킬 수 있는 기술들도 학습하게 된다. 어떤 케어든 기본적인 흐름이나 진행과정이 있기 때문에, 공통적으로 적용할 수 있는 케어 프로세스에 대해 공부한다. 이렇게 기본기를 충실하게 닦아놓으면 개별적으로 케어할 때 여러 가지로 응용할 수 있기 때문에, 실제 현장에서 큰 힘이 된다.

케어하면서 치매노인의 몸과 마음의 상태를 파악할 뿐 아니라, 자신이 케어하기 전의 상태나 다른 직원에게서 얻은 정보, 가족사항 등 여러 가지 정보를 해석하고 판단하여 해결점을 찾아내는 것이 어세스먼트이다. 이 책에 어세스먼트 도구들을 소개하고 있지만, 이것은 일종의 수단에 불과하며, 이렇게 관찰한 항목들을 종합하여, 그 내용을 어떻게 판단할 것인지가 더 중요하다. 어세스먼트가 정확하게 이뤄지고 나면, 자연스럽게 케어해 나가야 할 방향을 알게 된다. 또한 사정한 내용을 기록하는 방법도 설명해 두었다.

또한 이 책에서는 재택지원에 대해서도 배운다. 재택지원에서는 치매인에 대한 지원, 가족에 대한 지원, 지역사회와의 관계, 특히 지역사회와 연계하여 재택복귀 지원으로 이어지는 대응에 대해서도 다루게 된다.

마지막으로 사례보고 작성법에 대해 설명해 두었다. 케어를 실천할 때는 개별성이 중요하다. 하지만 다양한 사례를 보면서 그 안에서 공통점을 찾고, 다양한 사례에 적용하는 방법을 알게 되면 케어하는 개개인에게 알맞게 대응할 수 있게 된다. 이렇게 보면 주변에서 벌어지고 있는 상황들을 사례로 정리해서 의견을 교환하는 것이 얼마나 중요한 일인지 잘 알 수 있을 것이다. 이렇게 치매케어의 모든 부분을 다루고 있지만, 이 책으로 전체적인 흐름을 익힌 뒤에는 『치매케어 텍스트북』 각론에서 서술하는 구체적인 케어방법, 케어의 실제 등을 공부해서 지식의 폭을 넓혀가는 것이 바람직하다.

2018년 5월
치매케어 텍스트북 총론 저자 일동

Contents

추천의 글 • 2
여는 글 • 4

1장 치매케어의 원칙과 방향성

I. 치매케어의 원칙
1. 치매인의 존엄을 지킨다 • 18
2. 의사 결정을 존중한다 • 18
3. 개인생활사를 알고 그 사람의 삶이 지속되게 한다 • 19
4. 치매의 행동·심리증상은 그 사람이 보내는 메시지이고, 모든 일을 치매 때문이라고 생각하지 않는다 • 20
5. '할 수 있는 것'을 많이 발견하고 거기서 접근한다 • 21
6. 서두르지 말고 여유있게 대하고, 접촉하는 케어를 실천한다 • 22
7. 컨디션을 잘 관리한다 • 22
8. 환경 변화는 줄이고, 기분 좋게 지남력을 높일만한 환경을 만든다 • 23
9. 약물치료와 비약물치료의 이해 • 24
10. 지역 전체가 힘을 쏟는다 • 25
11. 가족·케어자 교육의 중요성 • 25

II. 케어의 방향성

2장 치매케어의 윤리

I. 「치매케어 윤리」
   1. 「치매케어 윤리」의 필요성 • 31
   2. 「치매케어 윤리」의 목표 • 32
   3. 「껍데기 가설」, 「인격이론」을 넘어서 • 32

II. 존엄
   1. 존엄 • 34
   2. 인간중심 케어 • 35

III. 윤리적 가치 대립과 윤리 원칙의 대립
   1. 윤리적 딜레마와 윤리적 가치의 대립 • 37
   2. 윤리 원칙의 갈등 • 38

IV. 자기결정·사전동의
   1. 자기결정권 • 39
   2. 의사능력 • 40
   3. 공유된 의사 결정 • 41
   4. 사전동의 • 41

V. 노인학대와 비밀엄수 의무의 해제
   1. 비밀엄수 의무 • 43
   2. 개인정보보호 • 44
   3. 비밀엄수 의무의 해제 • 45
   4. 신고의무 • 45
   5. 노인학대 • 45

Contents

Ⅵ. 행동 통제의 윤리
　1. 행동 통제의 윤리 • 47
　2. 구속의 폐해와 최소한의 구속 • 48
　3. 일본의 이치노미야 신체구속 사건 판결 사례 • 48

Ⅶ. 번역 윤리
　1. 번역 윤리의 개념 • 50
　2. 번역 윤리와 인간중심 케어 • 51

Ⅷ. 윤리 이론 ; 의무론과 공리주의
　1. 거짓말을 해서는 안 된다 vs 거짓말도 하나의 방편이다 • 53
　2. 「의무론」과 「공리주의」• 54
　3. 의무론과 인간중심 케어 • 54

Ⅸ. 리스크 매니지먼트 ; 시설 내의 낙상 사고
　1. 「법」은 윤리의 최소한도; 과실을 범하지 않는 것은 윤리적인 것의 기본 • 56
　2. 의료 사고와 (우발적) 사고·(부수적) 사고 • 57
　3. 사고 이후의 대응 • 58

Ⅹ. 고지
　1. 고지는 본인의 의사능력이 있을 때 • 59
　2. 고지의 장·단점 • 60
　3. 고지할 때의 배려 • 61

XI. 종말기 윤리

    1. 적절한 「임종케어」는 적절한 의사 결정 과정을 통한 「임종케어에 대한 의사 확인」으로부터 시작한다 • 62

    2. 절차적 공정성 • 66

    3. 사전돌봄계획의 중요성 = 대화·의사소통의 중요성 • 67

3장 치매인과의 의사소통

I. 치매인과의 의사소통을 위한 기본적 관점

    1. 개별화의 관점에서 「할 수 있는 것」에 주목한다 • 72

    2. 치매인이 주체가 되는 지원 • 73

    3. 신뢰를 바탕으로 하는 원조관계 형성 • 73

    4. 사회 환경 속에서 치매인을 파악하는 관점 갖기 • 76

II. 의사소통의 특성과 상담면접 기술

III. 상담면접 기술의 활용 ; 치매인과 의미 있는 의사소통을 위해서

    1. 의미 있는 상담면접 형태와 물리적 조건 • 80

    2. 의미 있는 의사소통을 위한 상담면접 기술의 전개 • 82

Contents

4장 정보수집과 어세스먼트를 위한 도구의 활용

Ⅰ. 어세스먼트를 위한 정보
1. 관찰 포인트 • 98
2. 몸과 마음 관찰하기 • 101
3. 어세스먼트에 대한 관점 • 104

Ⅱ. 어세스먼트 도구의 활용
1. 어세스먼트 도구의 종류와 특징 • 106
2. 인지기능 장애 • 107
3. 치매로 인한 일상생활동작 장애 • 120
4. 치매로 인한 행동·심리증상 • 127
5. 기타 영역의 어세스먼트 척도 • 134

5장 치매의 어세스먼트 · 케어플랜과 실천

Ⅰ. 치매케어를 위한 어세스먼트
1. 어세스먼트를 할 때 주의할 점 • 144

Ⅱ. 치매인에 대한 케어플랜
1. 케어플랜을 입안할 때 중요한 것 • 150

Ⅲ. 치매케어의 실천
1. 케어할 때 중요한 것 • 154

Dementia Care Textbook

6장 치매인에 대한 재택지원

I. 재택지원에서 치매인 본인을 어떻게 대할까?
1. 퍼슨 센터드 케어 · 167
2. 치매인의 마음을 헤아리는 것 · 168
3. 자신이 치매인 것을 알고 난 뒤 낙인에 대한 배려 · 169
4. 치매인에게 남아 있는 힘을 엠파워먼트하기 위하여 · 170

II. 재택케어를 하는 케어가족
1. 치매인을 케어하는 가족의 마음의 단계 · 175
2. 재택케어와 「선의의 가해자」 · 176

III. 재택지원에서 지역과 어떻게 협력할 것인가
1. 지역주민과 함께 여러 직종과 연계할 때 유의할 점 · 178
2. 재택케어를 위협하는 요인 · 179
3. 정신운동성 흥분이나 타인에 대한 공격성 · 180
4. 「무신경함」이나 사회성이 결어된 행위 · 180
5. 자동차 운전과 사고 · 184
6. 철도 건널목 사고나 실화의 손해 배상 · 185
7. 향후 사회에서 생각해야 할 것 · 185

IV. 다양한 재택케어 형식과 지원 방법
1. 고령·독거·치매가 있는 사람의 독신 생활 · 187
2. 초로기치매의 재택케어 · 189

V. 치매인에 대한 재택지원의 다양성

VI. 재택케어의 한계

Contents

7장 사례보고 정리방법

I. 서론

II. 사례의 필요성과 사례보고의 의의

III. 사례보고 영역

IV. 사례보고 작성 전 준비

    1. 투고규정과 집필요강을 숙지한다 • 203

    2. 사례보고는 윤리적 배려에 민감해야 한다 • 204

V. 사례보고 작성방법의 실제

    1. 제목 • 209

    2. 서론 • 210

    3. 윤리적 배려 • 211

    4. 사례 소개 • 212

    5. 현황분석·어세스먼트 • 212

    6. 활동내용과 케어 • 217

    7. 활동내용과 케어의 결과 • 218

    8. 고찰 및 평가 • 218

    9. 결론 • 219

    10. 초록과 키워드 • 219

VI. 사례보고 작성 후 실시하면 좋은 것

VII. 결론

Dementia Care Textbook

저자 목록 • 224

문 헌 • 225

Dementia Care Textbook

제1장

치매케어의 원칙과 방향성

Ⅰ. 치매케어의 원칙

Ⅱ. 케어의 방향성

DEMENTIA CARE
TEXTBOOK

I 치매케어의 원칙

치매에 관한 기초적인 지식은 『치매케어 텍스트북』 제1권 기초에 기술되어 있기 때문에 총론에서는 케어의 기본 방향에 대해서만 설명하고자 한다.

치매인 본인의 발언이나 다양한 연구를 통해 치매인의 마음에 맞는 이상적인 치매케어의 형태가 알려지게 되었다. 케어 제공자는 우선 치매인의 말을 진지하게 들어주는 것이 중요하다.

그리고 평균수명이 연장된 현 시점에서 치매는 더 이상 남의 일이 아니며, 누구든 치매에 걸릴 수 있다는 사실을 받아들여야 한다. 또한 전문직에 의한 케어는 물론, 치매인이 지역에서 생활하기 위해서는 누구나 케어 제공자가 될 수 있다는 사실을 강조하고 싶다.

1. 치매인의 존엄을 지킨다

치매인의 존엄을 지키려면 어떻게 대응해야 할까? 우선 한 인간으로 대해야 한다. 즉 치매인에 대해 편견을 갖거나 멸시 혹은 동정하지 말아야 하고, 그저 한 사람으로 평범하게 대해야 한다. 이것은 특별히 어려운 일이 아니다. 우리가 평소에 일상생활에서 사람들을 대하는 태도나 대응과 동일한 것이다. 예를 들어, 암환자를 대할 때는 암에 걸린 사람으로 보고 그 사람의 모습에 따라 대응하는데, 치매인을 대할 때는 치매라는 병을 먼저 보고 그 사람 본래의 모습은 보지 않게 된다. 어디까지나 치매 상태인 사람일 뿐, 그 사람의 생활은 계속 진행되고 있다는 것을 잊어서는 안 된다.

2. 의사 결정을 존중한다

「존엄을 지킨다」와 연결되는 것인데, 그 사람의 의사를 존중하는 것이 가장 중요하다. 치매인을 '말을 알아듣지 못하는 사람', '자신의 의사를 표현할 수 없는 사람'이라고 낙인찍으면 안 된다.

인지기능이 저하되면 점점 언어로 표현하지 못하는 것이 많아지지만, 여유를 갖고 제대로 듣고, 이해하려는 태도로 다가가면 그가 의사를 표현하고 있다는 사실을 알 수 있다. 의사소통은 쌍방향으로 이뤄지며, 언어적 의사소통보다 비언어적 의사소통이 더 많은 것을 전달해준다. 다시 말해 치매인처럼 언어로 표현하지 못해도 얼굴 표정이나 손짓, 시선, 눈물, 손을 뻗는 몸짓 등 다양한 방법으로 그 사람의 의중을 알 수 있다. 밥을 먹지 않으려 하고 배회하며 의자에서 계속 일어서려 하는 등 다양한 행동 속에 들어 있는 그 사람의 의사를 알아차리는 것이 중요하다. 우리가 치매인을 '아무것도 모르는 사람'이라고 규정해 버리면 당연히 그런 의사를 찾으려는 노력을 게을리 하게 될 것이다.

의사 결정에 있어서 위절제술의 실시 여부나 종말기의 치료방법 등 치료에 대한 중요한 선택은 물론, 일상생활의 식사나 의복의 선택 등 다양하고 세세한 것 하나까지 본인의 의사를 존중해야 한다.

본인의 의사가 분명하지 않을 때는 가족의 의사를 확인하는 경우가 많다. 특히 치료방법의 선택 같은 중대한 결정에 대해서는 가족들도 큰 부담을 느낄 것이다. 전문직 입장에서는 본인이나 가족, 의사나 케이스워커caseworker 등을 포함하여 팀과 함께 생각해 보는 것이 좋을 것이다.

일상생활에서 선택을 해야 하는 경우, 예를 들어 목에 걸리면 위험하니까 빵을 못 먹게 한다거나 노인에게 커피는 좋지 않다고 생각하여 아예 메뉴에서 빼버리는 등 음식 취향이나 기호식품에 대해 본인의 의사를 확인하지 않고 결정해 버리는 경우가 있다.

또한 한 번 커피가 싫다고 하면 두 번 다시 물어보지 않는 경우도 있는데, 사람의 기호는 변하는 것이고, 환경이나 컨디션 등에 따라 취향이 변한다는 것을 기억해야 한다. 항상 상대방의 입장에서 생각하는 것이 중요하다.

중대한 치료 등에 대한 의사는 최대한 미리, 그리고 치매가 경증일 때 본인에게 확인해 두는 것이 중요하다. 하지만 사람의 생각 역시 언제든 변할 수 있다는 것을 잊지 말아야 한다. 치료를 안 하면 예후가 짧아지고 통증이 예상되는 경우에는 본인뿐만 아니라 가족도 마음이 흔들리는 것이 당연하다. 미리 의사를 확인해 둘 뿐만 아니라, 그 생각 역시 변할 수 있다는 것에도 유념하여, 가족의 의사와 함께 본인의 의사를 확인하는 것을 중요하게 여겨야 한다.

3. 개인생활사를 알고 그 사람의 삶이 지속되게 한다

그 사람의 인생에 우리가 관여하는 것은 대부분 마지막 몇 년뿐이다. 집으로 돌아가게 될지, 아니면 지금까지 생활해온 장소가 아닌 새로운 장소로 가게 될지, 그리고 그곳이 최후의 장소가 될지 아무도 알 수 없다. 어떤 형태이든 지금 우리가 케어하는 이 순간이 인생의 한 지점이라고 생각하고, 최대한 그 사람이 살아온 방식과 비슷한 생활리듬이나 환경, 생활습관을 유지하도록 해주어야 한다. 치매인을 위한 케어 매니지먼트 센터방식 시트를 활용하여 입원·입소 시 가족이나 가까운 사람까지 동원하여 〈개인생활사표〉나 〈나의 모습과 마음 표〉 등을 기록해 두면 지속적인 케어에 큰 도움이 된다.

또한 어떤 BPSD가 나타났을 때 그 의미를 개인생활사에서 찾아 해석할 수 있고, 케어 제공자가 치매인의 입장에서 케어할 수 있다. 입원이나 입소로 생활하는 장소가 바뀌어서 안절부절못하고 불안해 할 때도 예전의 즐거웠던 생활에 대해 이야기해보는 접근방식이 효과가 있을 수도 있다. 그 사람의 생활을 지속시킨다는 것을 의식하여 정보를 연결함으로써 케어 제공자는 전문직으로서 치매인의 마음에 맞는 케어를 실현할 수 있게 된다.

4. 치매의 행동·심리증상은 그 사람이 보내는 메시지이고, 모든 일을 치매 때문이라고 생각하지 않는다

> **행동·심리증상**
>
> 치매로 인한 인지·기억 장애, 환경 등의 영향으로 발생하는 우울, 분노, 불결행위, 야간배회 등 다양한 심리증상과 행동증상을 의미한다. 경도에서 중등도로 진행되는 과정에서 자주 나타나며, 본인의 삶의 질을 떨어뜨리고 가족들이 케어를 포기하는 원인이 되기도 한다. 문제행동, 주변증상이라고도 한다.

다양하게 나타나는 **행동·심리증상**BPSD; Behavioral and Psychological Symptoms of Dementia이 무엇을 의미하는지에 대해서는 『치매케어 텍스트북』 제1권 기초에 기술해 두었다. 우선은 치매 때문에, 혹은 치매가 악화되었기 때문이라고 치부해 버리거나 일어난 일을 통제하려 들지 않는 것이 중요하다.

섬망이나 망상, 허둥지둥하는 행동을 치매 때문이라고 단정해버리고, 치매니까 낫지 않는다, 이런 행동은 주변에 피해를 주기 때문에 막아야 한다고 생각하게 된다. 또한 치매라는 질병에만 주목하여, 의학적 대응이 필요한 것이라고 단정지어 버릴지도 모른다.

이러한 BPSD를 그 사람에게 종종 일어나는 것으로 파악하고, 생활 전체를 보면서 대응하고, 그 원인을 찾기 위해 다양한 시점에서 검토한다면 대응할 방법을 찾을 수 있다.

5. '할 수 있는 것'을 많이 발견하고 거기서 접근한다

치매인이 '하지 못하게 된 것'들은 증상의 변화에 따라 달라지지만, 그 이상으로 '할 수 있는 것'이 아직 많이 남아 있다는 것을 기억하고, 거기서부터 접근한다.

예를 들어, 치매라서 걸으면 위험하다고 생각하여 걸을 수 있는 사람에게 휠체어를 권유하거나 젓가락으로 먹던 사람이 손으로 집어먹는다고 해서 주먹밥을 만들어 손으로 먹도록 대응하는 경우가 있다. 이것도 하나의 대응방법이므로 전부 부정할 수는 없지만, 휠체어를 타게 되면 점점 다리 힘이 약해져서 정말로 걷지 못하게 될 수도 있다. 그리고 주먹밥이라도 스스로 먹는 것은 좋지만, 의자나 테이블 높이를 조정하면 젓가락이나 숟가락으로 먹을 수 있을지도 모른다. 우선은 지금까지 할 수 있었던 것을 훼손하지 않고, 할 수 있는 것을 북돋는 케어가 중요하다.

또한 치매인의 의사소통 능력에서 감정은 다른 능력보다는 비교적 오래 남아 있는 것으로 알려져 있다. 유쾌한 감정을 갖도록 접근하고, 정서안정을 목표로 하여 차분하게 본인의 페이스를 유지할 수 있을 때 할 수 있는 것이 많아진다.

6. 서두르지 말고 여유있게 대하고, 접촉하는 케어를 실천한다

우리 역시 잘 모르는 것을 물어보거나 남들 앞에서 이야기할 때는 너무 긴장해서 말을 잘 하지 못한다. 누가 재촉하면 더욱 당황한다. 치매인도 마찬가지라는 것을 기억하길 바란다. 뭔가 캐묻는 것처럼 대응하지 않는다고 생각하겠지만, 연달아 물어보거나 대답을 재촉하면 될 일도 안 된다. 비록 짧은 시간이라도 제대로 시선을 맞추고, 때로는 치매인의 주의를 끈 뒤에 말하는 것이 대응의 기본이다. 또한 손을 만지거나 어깨를 토닥이거나 앞에 단정히 앉아 손을 마주잡으면서 말하면 상대방이 편안함을 느끼게 된다.

7. 컨디션을 잘 관리한다

BPSD는 컨디션 변화에 따라 나타나기도 하고 악화되기도 한다. 변비나 통증, 탈수로 인한 전해질 불균형으로 불안정한 상태가 되거나, 호흡곤란이나 열이 나서 섬망이 나타나는 경우가 많다. 그리고 약물의 영향으로 BPSD가 변화하는 경우도 있다.

치매인은 대부분 노인이고 노화로 인해 여러 가지 신체기능 저하가 일어나고 있다. 예를 들어 백내장, 녹내장으로 시력이 저하되거나 시야가 좁아지고, 난청 등의 감각기 장애로 치매가 아닌데도 치매로 오인되는 등 일시적인 혼란이 나타난다. 게다가 나이가 들면 한 사람에게 여러 가지 신체질환이 나타나며, 어떤 약이든 복용하고 있는 경우가 많다. 우선 케어 제공자들은 모두 약물의 효과와 부작용에 대해 이해하고 있어야 한다. 노인은 원래 복약 관리가 어려운데, 치매까지 있으면 스스로 표현하지 못하는 경우가 많다. 따라서 케어 제공자가 미리 예측하여 세심하게 관찰하는 것이 가장 중요하다. 그리고 상태의 변화가 있을 때 의사나 약사 등과 상담하여 조기에 대처해야 한다.

8. 환경 변화는 줄이고, 기분 좋게 지남력을 높일만한 환경을 만든다

　입원·입소로 기존의 생활 장소를 바꿔야 할 때는 최대한 변화를 줄여야 한다. 비록 치료 때문이긴 하지만 병원처럼 치료가 우선되는, 일상생활과 동떨어진 환경에서는 정서적으로 안정하기 어렵다. 따라서 물리적 환경 변화가 불가피한 경우에는 최대한 인적환경을 정비하여 그 사람이 안심할 수 있게 대응해야 한다. 음악이나 그림, 꽃, 애완동물 등을 활용하면 좋은 환경을 만들 수 있다.

　게다가 환경을 조정하는 것은 BPSD 케어에도 활용할 수 있다. 예를 들어, 현실 지남력을 고려한 장식이나 일일달력(하루하루 찢거나 넘기는 달력), 벽시계, 계절감을 느낄 수 있는 꽃 장식, 제철음식 등을 들 수 있다.

　이렇게 생활환경을 조정할 때는 「치매노인 환경지원 지침PEAP; Professional environmental assessment protocol(일본판 Ⅲ)」에 제시되어 있는 8가지 항목이 도움된다. 이것은 시설에 입소한 노인을 염두에 두고 만든 것이지만 다른 상황에서도 도움이 될 수 있다.

① 지남력 지원 : 거실을 일반 가정집처럼 꾸며 시간적·공간적인 방향감각 장애를 환경적으로 지원한다. 또한 숫자가 큰 시계와 달력을 걸거나 창문으로 들어오는 햇빛으로 하루의 변화를 알 수 있도록 하는 접근하는 방법 등이 있다.
② 기능적인 능력 지원 : 배설, 목욕, 용모관리, 옷을 입고 벗는 동작 등 최대한 자립할 수 있는 환경을 갖추고 그 사람이 지닌 능력을 활용한다.
③ 환경 자극의 질과 조정 : 바람이나 새의 지저귐 등 자연의 소리와 부엌에서 음식을 하는 소리 등을 들을 수 있게 하여, 적당한 자극이 되도록 한다. 또한 시각과 향, 부드러운 침구 소재 등을 배려하여 기분 좋고 친숙한 관계를 만들어 간다.
④ 안전과 안심 지원 : 위험하지 않은지 지켜볼 수 있도록 하되, 전체를 한눈에 볼 수 있게 만든 나머지 치매인이 감시당하고 있다는 느낌이 들지 않도록 환경을 조성

하고, 낙상을 예방하는 환경으로 정비한다.

⑤ 생활 지속성 지원 : 익숙한 물건이나 가구, 사진 등을 배치하여 아늑한 환경을 조성한다. 자택에서 쓰던 것, 식기나 베개, 의복 등을 가져다두어 친숙한 환경을 조성한다.

⑥ 자기 선택의 지원 : 자신이 있을 곳과 공간, 의자 등의 환경뿐만 아니라 케어 방침까지도 평소에 개인의 선택을 존중하며 케어한다.

⑦ 사생활 확보 : 개인실에 들어가기 전에 노크하거나 말을 걸어 인기척을 한다. 혼자 있을 수 있는 장소를 확보하는 등 케어할 때도 확실하게 개인의 사생활을 지켜준다.

⑧ 입소자간의 교류 촉진 : 식사 때나 다른 때에 입소자들과 교류할 수 있도록 대화할 수 있는 환경을 조성한다. 케어 제공자는 그 안으로 들어가 서로의 이야기를 연결해 주도록 한다.

이러한 환경을 조성하려면 그런 장소를 마련하는 것뿐만 아니라, 케어 제공자가 이를 실현하기 위해서 이용자 사이를 연결해주어야 한다. 이것은 인적 환경이 중요하다는 것을 의미한다.

9. 약물치료와 비약물치료의 이해

치매에 약물을 사용하기 시작한지 약 20년이 지났다. 치매의 약물치료에 대해서는 『치매케어 텍스트북』 각론에서 설명하고 있다. 치매 약의 개발은 치매인의 병명 고지나 자기결정, 보다 좋은 상태의 연장으로 이어졌다고 할 수 있다.

약을 복용할 때는 매일의 변화를 관찰하면서 효과를 확인하는 것이 중요하다. 의사와 케어 제공자의 협조 없이는 약물을 사용할 수 없다. 또한 재택에서는 가족들의 관찰과 방문케어, 데이서비스에서의 관찰 등이 중요하다. 이렇듯 복약 효과와 부작용을 관찰하는 것은 매일 제대로 약을 복용한다는 것을 전제로 판단하는 것이다. 따라서 제멋대로 약을 줄이거나 중단하지 않고 상태를 주의 깊게 관찰하고 보고하여 의사와 상담 후 복약을 검토해야 한다.

비약물요법에 대한 자세한 내용 역시 『치매케어 텍스트북』 제3권 각론에서 논하고 있다. 약을 쓰게 되었다고 해도 비약물요법과 일상 케어는 중요하다. 약물 투여를 검토하기 전에 BPSD에 대한 비약물요법을 먼저 실시해보는 것이 원칙이다. 또한 약물치료가 시행된다 하더라도 최후에는 일상 케어가 중요하다는 것을 염두에 두고 케어 방법을 고안해야 한다.

10. 지역 전체가 힘을 쏟는다

치매케어는 팀으로 실시하는 것이 중요한데, 이때 꼭 기억해야 하는 것이 지역주민의 힘이다. 지역주민에게 치매인에 대한 편견이 있으면 치매인이나 가족들은 밖으로 나오려 하지 않게 되고, 특히 가족은 이웃에게 피해를 주지 않으려고 치매인을 가둬버리게 된다.

지역주민으로서 할 수 있는 것은 치매에 대한 편견을 버리고 따뜻한 눈으로 지켜봐 주는 것이다. '내가 할 수 있는 것이 뭐가 있을까'라고 생각한다면, 치매인이나 가족에 대한 직접적인 케어뿐 아니라, 사소한 말을 건네거나 인사를 하는 것에서부터 지역 만들기가 시작된다는 것을 기억하길 바란다.

11. 가족·케어자 교육의 중요성

치매를 케어할 때는 다른 직종 종사자의 힘이 필요하다. 서로의 전문성을 이해하고 재활직이나 간호직, 케어직, 영양사 등 다양한 직종과 협력하는 것이 점점 더 중요해지고 있다. 모든 직종이 치매를 깊이 이해하고 있어야 한다.

또한 재택에서는 가족의 힘과 이웃의 힘도 중요하다. 가족에 대해서는 데이 서비스 상황을 함께 지켜보면서 대화에 참여하게 하면 대응방법을 알 수 있다. 가족들이 심한 스트레스로 심신이 지쳐 있다는 것은 쉽게 이해할 수 있다. 따라서 가족모임 참여를 권하거나 면회 시에 다른 가족과 교류하도록 할 수 있다. 제대로 된 강좌를 열지 않아도 모든 장소가 케어자 교육의 장소가 될 수 있다는 것을 기억하길 바란다.

그리고 이러한 교육은 지역주민 모두에게 필요하며, 은행이나 우체국, 역무원, 점원 등 모든 사람의 의식이 변할 수 있도록 지역 전체가 대응해야 한다.

II 케어의 방향성

시간이 지날수록 다양한 케어 방법이 명확해지고, 케어에 대한 관점도 변화되어왔다. 이런 변화는 앞으로도 계속될 것이다. 어쩌면 치매를 치료하는 것도 가능해질지 모른다. 또한 가족구성이나 가구의 의식도 변화될 것이다. 사회제도나 정책도 변화되고 각종 서비스나 시설 이용에 대해서도 변화가 있을 것이다.

이렇게 사회 정세가 변화하더라도 치매인의 의사를 중요하게 여기는 것, 치매인의 의사를 어떻게든 확인하려 하는 것, 그리고 인간으로서의 존엄을 지켜주는 것, 지역 차원에서 대응하는 것 등 진정한 케어 방법은 바뀌지 않을 것이다.

평소에 케어 방법에 관한 연구보고나 사회체계의 변화에도 관심을 두면서, 자신의 케어 방법을 기술하고 팀에서 논의하여 계속 케어방법을 개선해 나가길 바란다.

또한 그 사람의 인생에 따라 BPSD가 변한다면 앞으로 케어받는 치매인의 의식도 바뀌게 될 것이다. 개별 케어의 실천을 위해서는 평소에 개개인의 의식 변화를 확인하고, 그 사람의 생활을 파악하여 일상생활이 계속 유지될 수 있도록 케어하는 것이 중요하다.

제2장
치매케어의 윤리

Dementia Care Textbook

Ⅰ. 「치매케어 윤리」

Ⅱ. 존엄

Ⅲ. 윤리적 가치 대립과 윤리 원칙의 대립

Ⅳ. 자기결정·사전동의

Ⅴ. 노인학대와 비밀엄수 의무의 해제

Ⅵ. 행동 통제의 윤리

Ⅶ. 번역 윤리

Ⅷ. 윤리 이론 ; 의무론과 공리주의

Ⅸ. 리스크 매니지먼트 ; 시설 내의 낙상 사고

Ⅹ. 고지告知

Ⅺ. 종말기(임종케어) 윤리

DEMENTIA CARE
TEXTBOOK

「치매케어 윤리」

1. 「치매케어 윤리」의 필요성

치매가 진행되면서 자신의 일을 스스로 할 수 없게 되는 자립independence, Self-help 장애나 자신의 일을 스스로 결정할 수 없게 되는 자율autonomy 장애가 나타나게 된다. 그리고 치매 말기에는 음식물을 삼키기가 어려워져서(삼킴장애) 인공적으로 수분이나 영양을 보충(경관영양 등)하는 연명치료를 어떻게 할 것인가 하는 문제가 생기게 된다.

그동안에는 치매케어와 관련된 이러한 문제들을 케어 기술이나 의료적인 문제로 여겨왔지만, 윤리적 관점에서 파악해야 좀 더 노인의 존엄을 배려할 수 있게 된다.

또한 재택 의료나 지역포괄에 있어서 다른 직종 간 연계가 추진되는 것을 감안했을 때, 〈윤리〉라는 관점은 의료인은 물론 케어 매니지먼트나 케어직종에서도 매우 새로운 관점이며, 동일선상에서 새롭게 시작할 수 있는 협동 연구의 재료가 된다.

2. 「치매케어 윤리」의 목표

치매의 절반 이상인 알츠하이머형 치매의 증상은 계속 진행되며 불가역적이다. 치매인들은 기억력·인지기능, 그 밖의 지적능력·자기인식(정체성)·자기 통제 등을 「잃는 것」에 대한 불안을 안고 살아가는데, 증상이 진행되면 「잃는 것·잊는 것」조차 점점 잊어버리게 된다. 이처럼 자립·자율이 저하되는 치매인을 한 사람의 생활자로 수용하고 존중하기 위하여 「새로운 치매케어 윤리」로서 다음 세 가지를 제안한다.

① 실천에 근거한 「치매케어 윤리」를 창조 발전시키는 것
② 치매에 대한 편견과 멸시를 없애는 것
③ 다학제적·다직종의 협동적 접근

이것은 「완전한 권리 주체인 사람을 위한 윤리」에서 「주위와의 연관성으로 인해 윤리적 존재인 사람을 위한 윤리」로, 「의사능력이 있는 사람을 위한 윤리」에서 「의사능력이 불완전한 사람들을 지원하는 윤리」로, 그리고 「도덕적·논리적 사고를 할 수 있는 사람을 위한 윤리」에서 「풍부한 감정으로 인해 윤리적 존재인 사람을 위한 윤리」로의 발상의 전환을 뜻한다.

3. 「껍데기 가설」, 「인격이론 The person theory」을 넘어서

지금까지 알츠하이머형 치매는 「뇌 신경세포의 병리학적 변성으로 인한 질병」이라는 것에 주안점을 두었고, 따라서 당연히 인격이 바뀌고, 점점 사라지면서 붕괴되어 결국 껍데기만 남게 된다고 여겼기 때문에(껍데기 가설) 치매인들의 존엄을 배려하지 않았다.

또한 서양 철학의 인격이론은 「인간은 합리적 사고를 할 수 있기 때문에 도덕적 지위가 주어지며 보호되는 대상이 될 수 있다」라고 하여, 생물학적 의미의 인간과 도덕적 의미의 사람person을 구별했고, 도덕적 주체로서의 사람person이려면 자기의식, 자기 지배, 미래·과거 등의 개념이 있어야 했다.

「새로운 치매케어 윤리」는 이런 「껍데기 가설」과 「인격이론」에 도전하고, 배타적인 **디멘티즘** Dementism을 극복할 필요가 있다. 일반사회와 케어자가 고도 치매인을 어떻게 인식하느냐가 케어의 질이나 윤리적 배려에 영향을 미치기 때문이다.

> **디멘티즘 Dementism**
> 치매가 원인인 차별, 즉 치매이기 때문에 아무것도 할 수 없고, 그 사람이 무슨 말을 하든 의미가 없다는 식의 생각

지금부터 일상 케어에서 자주 접하게 되는 사례를 통해 「치매케어 윤리」의 주요 용어와 개념을 개략적으로 설명하고자 한다.

II 존엄

【 사 례 】

동료인 케어 직원 A씨는 치매 입소자가 같은 것을 되풀이해서 말했을 때, 재촉하거나 무시했다. 또한 바쁠 때는 다른 사람들 앞에서 기저귀 교환을 하기도 했다. 이런 행위는 존엄에 반하는 것이라고 생각한다.

1. 존엄 Dignity

우리는 이 사례에서 케어 직원 A씨의 행동을 보면서 직관적으로 「존엄을 배려하지 않는다」라고 느낄 수 있다. 그러면 일상적으로 많이 사용되는 〈존엄〉이라는 말은 구체적으로 어떤 의미일까? 개호보험제도의 이념에도 「인간의 존엄의 이념에 입각한 사회보장의 체계로서, 노인의 자립을 지원하여 인생의 마지막까지 인간으로서의 존엄을 지킬 수 있도록 지원하는 것」이라고 되어 있다.

사실 〈존엄〉이라는 말은 윤리적 배려가 필요한 상황에서 자주 사용된다. 존엄은 「인격을 갖추고, 무엇보다 우선하며, 다른 것으로 대체할 수 없는 절대적인 가치」라고 여겨진다. 물건이 부서지면 새로운 물건으로 대체할 수 있지만, 인간은 하나뿐인 존재이며 다른 물건으로 대체할 수 없기 때문이다. 따라서 사람이 단순히 수단이나 도구로 취급될 때(물건 취급), 인간의 존엄은 침해받게 된다.

2. 인간중심 케어 Person centered care

인간을 존중하는 치매케어의 예로 인간중심 케어가 있다. 인간중심 케어는 모든 상황에서 치매인의 인격을 인정하는 것이 핵심 개념이다. 그리고 다음과 같이 다섯가지 요소로 구성되어 있다.

① 치매인은 인격personhood을 잃는 것이 아니라 점점 숨어버린다고 보는 것
② 모든 상황에서 치매인의 인격을 인정하는 것
③ 케어와 환경을 개인에게 맞추는 것
④ 공유된 의사 결정shared decision making을 실천하는 것
⑤ 주위(사회)와의 관계성(교류)을 중시하는 것

또한 인간중심 케어를 윤리적 관점에서 해석하면 「개별성을 배려한 케어」 + 「존엄을 배려한 케어」가 된다. 그리고 「존엄을 배려한 케어」의 실천은 「자립Independence 지원」 + 「자율Autonomy 지원」을 의미한다. 즉, 인간중심 케어는 그 사람 개인에게 초점을 맞추고,

(그 사람을 컨트롤하는 것이 아니라) 자립과 자율을 지원하는 케어이다.

인간중심 케어의 이념을 실천하는 것으로서 치매케어 매핑DCM; Dementia Care Mapping이 있다. 그 중 「인간의 가치를 떨어뜨리는 행위P.D.; Personal Detraction」로 제시되는 것이 존엄에 반하는 행위의 예이다. 구체적으로는 ① 속임수를 쓴다, ② 권한을 빼앗는다, ③ 어린애 취급을 한다, ④ 위협한다, ⑤ 낙인을 찍는다, ⑥ 편견을 갖는다, ⑦ 재촉한다, ⑧ 호소(요구)를 거절한다, ⑨ 따돌린다, ⑩ 물건 취급한다, ⑪ 무시한다, ⑫ 강요(강권)한다, ⑬ 방치한다, ⑭ 비난한다, ⑮ 방해한다, ⑯ 조롱한다, ⑰ 비방한다 등 17가지가 있다.

III 윤리적 가치 대립과 윤리 원칙의 대립

> **【 사 례 】**
>
> 치매인 B씨는 최근 배회가 늘고 자주 넘어져서 반복적으로 팔뚝 골절과, 얼굴 및 머리에 타박상을 입고 있다. 가족은 더 이상 골절이나 외상을 입지 않도록 가벼운 구속을 바랐다. 하지만 B씨는 "묶지 마!"라고 소리를 지르고 날뛰었다. 케어 직원은 가족의 바람대로 구속해야 할지 말아야 할지 고민하고 있다.

1. 윤리적 딜레마와 윤리적 가치의 대립

이 사례에서는 B씨가 원하는 대로 「묶지 않고 자유롭게 행동하는 것」은 〈좋은 것〉이고 윤리적 가치가 있는 것이다. 하지만 가족의 바람대로 구속하여 「B씨가 골절되지 않도록 보호하는 것」도 〈좋은 것〉이며 윤리적 가치가 있는 것이다. 게다가 시설 입장에서는 시설 내에서 다시 부러지게 되면 소송을 당할지도 모른다는 걱정도 있다.

우선 이 두 가지 윤리적 가치(좋은 것)가 대립하면서 윤리적 딜레마가 생긴다는 「윤리적 깨달음」을 얻는 것이 중요하다. 윤리적 딜레마란 「어느 쪽이 옳고 무엇이 잘못된 것인지」 언뜻 봐서는 확실하게 알 수 없는 도덕적 가치의 대립을 의미한다.

2. 윤리 원칙의 갈등

윤리 원칙에는 ① 자율존중 원칙, ② 선행善行 원칙, ③ 무위해無危害 원칙, ④ 공정 원칙 등 4가지가 있다. 위 사례에서 「구속하지 않고 자유롭게 행동하는 것」은 자율존중 원칙에 해당한다. 또한 「낙상·골절 위험을 예방하는 것」은 선행 원칙에 해당한다. 따라서 위의 두 가지 윤리적 가치의 대립은 「자율존중 원칙」과 「선행 원칙」의 대립이라고 바꾸어 말할 수 있다.

하지만 윤리적 딜레마에 있어서는 같은 사례라도 경우에 따라 해결책이 다르기 때문에 꼭 정답이 하나는 아니다. 즉, 윤리 4원칙의 우선순위는 경우에 따라 다르고 윤리 4원칙끼리 대립하는 경우도 있다는 의미이다.

어떤 원칙을 따를 것인지는 낙상에 대한 원인 분석과 구속의 사정(어세스먼트) 및 그에 대한 케어 기술적인 대응 등에 따라 다를 것이다. 따라서 윤리 원칙을 기계적이고 일률적으로 모든 경우에 적용시키지 않고, 관계자로서 충분히 대화하고 각각의 경우에 맞게 적절한 판단의 근거로 이용하는 것이 중요하다.

IV 자기결정·사전동의 informed consent

【사 례】

경도 치매인 C씨는 유방암 진단을 받았다. 주치의는 치료 방법에 대해서 가족들과만 상담하고 유방 전체를 절제하는 유방 전절제술Total Mastectomy을 하기로 결정했다. 하지만 C씨는 스스로 치료 방법에 대해 조사해 보고, 여성이기 때문에 외모가 신경 쓰이므로 생존율이 좀 낮더라도 유방을 보존할 수 있는 유방 보존술Breast-Conserving Surgery을 희망하고 있다.

1. 자기결정권

자신이 받는 의료나 케어에 대한 자기결정권은 의사능력이 있다면 원칙적으로 누구에게나 보장되어 있다. 즉, 자신이 원하는 의료는 받을 수 있고 원치 않는 의료는 거부할 수 있다. 윤리원칙은 이것을 자율존중원칙으로 규정하고 있다. 따라서 만약 C씨에게 적절한 의사능력이 있다고 판단되면 자기결정을 할 수 있기 때문에 주치의와 가족들끼리만 치료 방법을 결정하는 것은 윤리적으로 바람직하지 않다.

2. 의사능력

의사능력은 자신이 받는 의료와 케어에 대해 스스로 결정할 수 있는 능력을 의미한다. 의사능력의 구성 요소를 구체적으로 살펴보면 ① 선택한 것을 분명하게 표현할 수 있다, ② 정보를 이해할 수 있다, ③ 상황을 인식할 수 있다, ④ 논리적으로 사고할 수 있다 등이다. 「상황 인식」이란 치료법을 선택한 경우, 그것이 자신에게 어떤 결과를 가져올지 인식하는 것이고, 「논리적 사고」란 결정 내용이 자신의 가치관이나 치료 목표와 일치하는 것을 의미한다.

그리고 의사능력은 「특정 과제마다」, 「시간 흐름에 따라」, 「선택 결과의 중대성에 따라」 변화하기 때문에 객관적인 합격 기준이 있는 것은 아니다. 따라서 자기결정을 존중하는 윤리적 관점에서는 의사능력을 고정적으로 판단하거나 포괄적으로 무능력이라고 판단해서는 안 된다. C씨는 치매가 경도이고 치료법에 대해 스스로 조사도 할 수 있었는데도 〈치매〉라는 선입견 때문에 의사능력을 과소평가 하고, 필요 이상으로 자기결정권을 제한하는 것은 윤리적으로 옳지 않다는 것이다.

3. 공유된 의사 결정

의사능력이 있다고 평가되면 자기결정권을 보장한다. 그리고 의사능력이 불충분한(혹은 경계선에 있는) 경우에는 공유된 의사 결정 shared decision making(자기결정 지원)을 한다. 또한 안타깝게도 의사능력이 없는 경우에는 가족 등이 대리판단을 하게 된다.

공유된 의사 결정은 인간중심 케어의 주요 구성 요소이자 충분한 커뮤니케이션이나 대화를 통해 본인이 원하는 것을 존중하는 것이 중요하다. 즉, 치매인의 자율 개념을 예전처럼 「혼자서 자기결정을 하는 것(개인의 자기결정)」이 아니라, 「소중한 사람들과의 관계 속에서 자신의 소망과 의사를 표현할 수 있는 것」으로 해석하고, 주변 사람들이 본인의 자기결정 과정을 지원하는 것을 가리킨다. 이것은 치매인의 자율에 대한 개념을 보다 넓고 풍부하게 다시 파악하는 것을 의미한다.

4. 사전동의

환자는 자신이 받는 의료 케어에 대해 충분한 정보를 제공받아 자신의 가치관이나 치료 목표에 맞게 스스로 결정할 권리가 있다. 이 사전동의 informed consent 는 수많은 국내외 판례를 통해 확립되어 왔다. 환자의 자율성 존중이라는 윤리원칙과 사전동의를 법적으로 의무화(판례의 축적)함에 따라, 환자에게는 「원치 않는 치료를 거부할 수 있는」 권리가 보장되어 있는 것이다.

「환자의 동의를 얻는다」라는 말을 많이 쓰는데, 다시 말해 「전문가인 의사가 추천하는 치료에 환자는 동의해야 한다」라는 고정관념이 바탕에 깔려있다. 이 말이 사전동의라는 개념의 참뜻을 완벽하게 구현하고 있다고는 볼 수 없다. 「사전동의」의 정확한 뜻은 「사전 선택 informed choice/Informed decision making」이며, 환자는 「의료 동의 informed consent도 「의료 거부informed refusal」도 할 수 있다. 실제 의료 현장에서는 환자 스스로 치료 방법 결정에 참가함으로써, 환자의 자기관리 의식과 의욕을 향상시키는 데 도움을 주고 있다.

사전 동의의 구성 요소는 ① 정보 공개, ② 이해, ③ 자발성, ④ 의사능력, ⑤ 동의 등 5가지이다. 이것은 「의료인과 환자가 의사 결정 과정을 공유하는 것」이며, 의료인은 충분한 정보를 제공하고 반복하여 논의하면서, 환자의 의견을 듣고 환자에게 선택 사항에 대해 교육하거나 더 많이 숙고하게 하고 설득하기도 한다. 그리고 환자는 자신의 가치관이나 목표에 따라 자신의 신체와 건강에 대해 자기결정을 한다. 또한 자발성에 대해서는 선택 사항이 주어져야 하고 강요나 거짓말, 부당한 영향 등이 없어야 한다.

즉, 사전동의란 환자와 대화 과정을 공유하는 것을 의미한다. 그냥 단순히 치료에 동의하는 서류에 사인을 받는 것이 아니다.

그리고 환자에게 「알 권리」와 「선택할 권리」는 매우 소중한 것이므로, 의료 행위 그 자체에 과실이 없더라도, 적절한 사전동의가 이뤄지지 않는다면 환자의 권리를 빼앗는 것이 되며, 사전동의 소송이 제기될 수도 있다.

V. 노인학대와 비밀엄수 의무의 해제

> 【사례】
>
> D씨는 아들과 단 둘이 살고 있으며, 뇌경색 발작 후에 치매가 발병하여 재가 서비스를 받고 있다. 방문 간호사는 자택에 방문했을 때 D씨의 몸에 푸른 멍자국과 피하출혈의 흔적을 발견했다. 본인에게 물어봐도 사정을 말하려 하지 않았고, 아들에 대해서 나쁜 말은 일절 하지 않았다. 최근에는 심한 체중 감소도 나타났다. 담당 간호사는 신고를 해야할지 말아야 할지 고민하고 있다.

1. 비밀엄수 의무

치매인이 언제까지고 익숙한 자신의 집에서 계속 생활하기 위해서는 가족 케어자의 역할이 매우 중요하다. 하지만 종종 가족 케어자가 학대하는 경우나 케어시설의 전문직이 노인을 학대하는 사건이 일어난다. 이러한 노인학대를 발견하게 된 경우, 전문직의 직업윤리인 비밀엄수 의무와 비밀엄수 의무 해제(신고 의무)의 관계는 매우 중요한 윤리적 쟁점 중 하나이다.

「비밀」이란 소수밖에 모르는 사실이며 남에게 알려지면 본인에게 불이익이 생기게 되는 것을 의미한다. 비밀엄수 의무는 역사적으로는 2천년도 더 전인 히포크라테스 시대부터 의사의 직업윤리로 발전해 왔다. 그 후 의사뿐만 아니라 다른 의료 관계자 사이에서도 비밀엄수가 의무화 되고, 또한 개인정보보호권(자신의 개인정보를 스스로 조정할 권리)이 법적으로도 확립되었다. 이처럼 의료 종사자의 직업윤리로서 오랜 역사가 있는 비밀엄수 의무도, 제3자에게 위해危害가 되거나 학대 등 환자의 권리를 침해하는 경우에는 신고의 의무가 생긴다.

2. 개인정보보호

「개인정보」란 「생존하고 있는 개인에 대한 정보로서, 성명·생년월일 등 특정 개인을 식별할 수 있는 정보」를 가리킨다.

의료·케어를 실천할 때 개인정보를 올바르게 보호하기 위해 우리나라는 2011년 3월에 「개인정보보호법」이 시행되었다.

개인정보보호에서 두 가지 핵심은 「목적 외 사용 금지」와 「제3자 제공 금지」이다.

3. 비밀엄수 의무의 해제

의료현장에서는 처음부터 절대적 의무였던 비밀엄수 의무는 타라소프Tarasoff사건[1] 이후 상대적 의무로 간주하게 되었다. 비밀엄수 의무가 해제되는 경우란 그것 외에 다른 방법이 없고 제3자에 대한 잠재적 위험이 크고 그 가능성이 높은 경우 등이다.

4. 신고의무

노인학대가 있을 경우에는 비밀엄수 의무가 해제되고 신고 의무가 생긴다. 법적으로는 2015년 「노인복지법」 개정을 통해 ① 신고 의무자군 확대, ② 학대행위자 처벌 강화, ③ 예방 및 홍보강화가 법제화 되었다. 또한 2018년 3월부터 노인복지시설의 관리자 및 종사자, 의료기관 등에 노인학대예방 및 신고의무에 관한 교육의 의무적인 실시가 법제화 되는 등 제도적인 정비가 이루어졌다.

5. 노인학대

노인학대가 발생했을 때는 케어자도 심신이 피폐하여 궁지에 몰려있는 경우가 많다. 자신이 학대를 자행하고 있다는 것을 알면서도 자제하지 못하는 상황이 많고, 반대로 학대자가 자신이 학대하고 있다는 것을 자각하지 못하는 경우도 있다.

게다가 노인학대는 치매로 인해 피해자 본인에게 확인받기 어려운 경우가 많고, 가족이나 케어시설도 학대 사실을 감추려는 경향이 강하다.

가족 등 보호자에 의한 학대는 「예방」과 (유감스럽게도 학대가 이미 일어난 경우에는) 「노인

보호」, 「재발 방지」가 중요하다. 학대의 징후가 의심되는 경우, 관계자는 가족과 긴밀하게 대화하면서 그 배경과 원인을 밝혀야 한다. 때로는 제3자의 개입이 유용한 경우도 있다.

또한 가족만 탓할 것이 아니라 케어 부담을 줄여주는 등 큰 위험이 발생하기 전에 케어를 지원하는 것이 중요하다. 이는 노인의 입장에서 가족은 앞으로도 케어자이자 보호자로서 중요한 존재이기 때문에 가족과의 관계가 끊어지지 않도록 하여 노인의 보호자로서의 소임을 할 수 있도록 동기를 북돋아 주는 것이 필요하기 때문이다.

VI 행동 통제 control 의 윤리

【사례】

치매인 E씨는 요통 때문에 병원에 입원했다. 의식장애 증상도 있고 몇 번이나 침대 위에서 일어났기 때문에 간호사는 끈 달린 장갑을 사용하여 약 2시간 정도 구속했다. E씨는 장갑을 벗으려 하다가 손목 등에 경상을 입게 되었고, 가족들은 소송을 제기했다.

---

1. 행동 통제의 윤리

치매가 진행되면서 행동장애(BPSD/공격성·흥분상태·배회 등)가 나타났을 경우, 신체구속이나 약물로 치매인의 행동을 통제하는 것이 윤리적으로 허용 가능한지를 다루는 것이 「행동 통제의 윤리」이다. 「행동 통제의 윤리」에서는 신체구속에 의한 통제와 약물에 의한 통제가 다른 것인지, 혹은 케어시설에서의 행동 통제와 병원에서의 행동 통제가 다른 것인지 등이 주요 논점이 된다.

2. 구속의 폐해와 최소한의 구속

본인의 뜻과 반대되는 구속을 함으로써 신체적 폐해(근력 저하·관절구축·타박상 등), 정신적 폐해(분노·공포·불안·굴욕), 또한 사회적 폐해까지 일으키게 된다.

이러한 폐해를 없애려면 구속하지 않는 것이 가장 좋지만, 만약 「절박성」, 「비대체성」, 「일시성」 등 예외 3원칙에 따라 어쩔 수 없이 구속을 해야 한다면 가능한 한 최소한으로 구속해야 한다. 이를 위해서는 낙상에 대한 원인 분석을 적절히 평가하고, 구속의 필요성과 한계에 대해 검토하여 정기적으로 재평가를 실시해야 한다.

3. 일본의 이치노미야一宮 신체구속 사건 판결 사례

「이치노미야一宮 신체구속 사건」은 케어시설이 아닌 병원의 사례이다. 불필요한 신체구속으로 신체적·정신적 고통을 받았다며 해당 여성의 가족이 병원을 상대로 손해배상을 청구했다. 케어시설의 경우에는 개호보험법 제87조의 후생노동성령에서 입소자 등의 생명 또는 신체를 보호하기 위해 긴급하거나 부득이한 경우를 제외하고는 신체구속이나 행동 제한을 금지하고 있는데, 병원에서도 동일한 취지에서 판단이 이루어지고 있다. 1심·나고야 지방법원 이치노미야 지부는 2006년 「구속 이외에 위험을 방지할 수단은 없었다」 등으로 위법성을 부정했고, 2008년 2심에서는 「신체구속 제로 가이드」가 예외적으로 신체구속을 허용하는 기준으로 삼고 있는 절박성, 비대체성, 일시성의 요건을 고려했을 때「중대한 상해를 입을 위험이 있었다고는 인정되지 않는다」라고 하여 구속을 위법이라고 판단했다. 2010년 대법원 판결은 환자가 넘어지거나 떨어져서 중대한 상해를 입을 위험을 피하기 위해 간호사들이 긴급 상황에서 어쩔 수 없이 실시한 행위이며 필요한 최소한의 구속이었다고 판결했다.

VII 번역 윤리

【 사 례 】

중등도 치매인 F씨는 가족들이 소홀한 틈을 타서 종종 출근 가방을 들고 집을 나와 배회하다가 길을 잃어버린다. 최근에는 자주 경찰서 신세를 지게 되어 가족은 곤란해 하고 있다. 발견했을 때 가족들은 안심하는 동시에 F씨를 나무란다.

1. 번역 윤리의 개념

치매인에게는 「그들의 현실 세계」가 있으며, 그것은 「일반적인 현실 세계」와 다른 경우가 많다. 또한 치매가 진행되면 자신의 생각을 적절하게 표현할 수 없기 때문에 주변 사람들은 치매인의 행동이나 경험을 자기 나름대로 번역해서 읽고 해석하게 된다. 이렇듯 어떻게 해석할 것인지가 「번역 윤리」의 논점이다.

경도 치매인 경우에는 비교적 자신의 생각을 분명히 전달할 수 있는 경우가 많지만, 중등도 이상에서는 자신의 생각을 잘 전달하지 못하기 때문에, 케어자를 포함한 주변 사람들은 치매인의 말과 행동을 번역하거나 해석하게 된다. 예를 들어 F씨의 경우처럼 「치매인이 배회하고 있다」는 것을 보았을 때, 「이것은 치매 때문에 일어나는 곤란한 BPSD다. 행동 장애다」라고 속단하기 쉽다. 하지만 우리는 치매인의 경험을 자신의 필터를 통해서 보거나 자신의 사전事典을 참고하여 번역하고 있는 것에 지나지 않는다. 이처럼 치매인의 경험을 「자신(지켜보는 사람)의 가치관으로 번역하여 해석하고 있다」는 사실을 자각하고 반성하여, 치매인의 생각에 진지하게 귀를 기울이고 치매인의 관점에서 생각하는 것을 「번역 윤리」라고 한다.

F씨의 사례에서 출근 가방을 들고 나간다는 점을 감안하면, 아직도 직장에 출근하고 있다고 착각하여 회사에 가려는 것일 수 있다. F씨는 일을 통해 보람을 느끼고 있었을 것이고, 그것이 본인 삶의 큰 버팀목이었는지도 모른다. 그런 F씨의 인생관이나 가치관에 공감을 표하는 것이 윤리적으로 적절한 치매케어가 될 것이다.

2. 번역 윤리와 인간중심 케어

번역 윤리는 인간중심 케어의 구체적 실천과도 관련되어 있다. 예를 들어 「직원이나 일반인의 입장이 아닌 치매인의 입장에 서 보는 것」, 「행동·심리증상을 감정의 표현으로 보는 것」, 「행동 장애를 뭔가 전달하고 싶다는 표현으로 보는 것」, 「치매인의 세계에 들어가, 비록 그것을 이해하기 힘들지라도 모든 행동에 의미가 있다고 생각하는 것」, 「우리의 현실 세계와 다른 치매인들의 현실 세계를 받아들이는 것」 등이다.

또한 치매케어 매핑DCM; Dementia Care Mapping에서는 「인간의 가치를 훼손하는 행위

P. D: Personal Detraction」로「낙인을 찍는다」,「편견을 갖는다」,「조롱한다」,「비난한다」등이 번역 윤리와 관계가 있다.

윤리 이론 ; 의무론과 공리주의

【 사 례 】

치매인 G씨는 가족이 바쁘기 때문에 시설에 입소할 예정이다. 하지만 G씨는 시설을 견학하러 갔을 때 「지금 당장은 들어가고 싶지 않지만 향후에는 잘 부탁드립니다」라고 말했고, 현재 집에서 생활하는 것을 희망하고 있다. 그런데 가족은 쇼핑 가는 것이라 속이고 시설로 데려간 후 그대로 맡기고 돌아가 버렸다.

---

1. 거짓말을 해서는 안 된다 vs 거짓말도 하나의 방편이다

G씨처럼 속아서 시설에 입소한 치매인을 봤을 때, 우리는 본능적으로 거짓말을 해서는 안 된다고 느낀다. 케어 직원도 속아서 입소한 사람들을 보면 가엾은 생각이 들고 죄책

감을 느낀다. 이 경우 G씨에게 윤리적 가치는 「집에 있는 것」과 「거짓말로 속이지 않는 것」이고, 가족들에게는 「G씨가 시설에서 안심하고 사는 것」과 「거짓말도 하나의 방편이라는 것」이 윤리적 가치가 된다. 여기에서 윤리적 가치의 대립, 즉 윤리적 딜레마가 생긴다.

2. 「의무론」과 「공리주의(결과주의)」

「거짓말을 해서는 안 된다」는 것과 「거짓말도 방편」이라는 윤리적 의미의 차이는 윤리 이론인 「의무론」과 「공리주의」의 충돌이라고 볼 수 있다.

「의무론Deontology」은 다른 사람들에게 우리의 기본적 의무, 예를 들어 「……해야 한다」, 「……해서는 안 된다」를 지지하는 것이다. G씨의 사례에 대입해보면 「거짓말을 해서는 안 된다」, 「속여서는 안 된다」는 것이다.

반면 「공리주의Utilitarianism」는 결과주의라고도 하는데, 행위의 결과를 기준으로 그 행위를 윤리적으로 정당화하는 것이다. 이 사례에서는 「거짓말과 속임수를 통해 보다 좋은 결과를 얻을 수 있다면 그 거짓말은 정당화 된다」라는 것이다. 즉, 공리주의 이론은 결과가 좋으면 다 좋다는 것과 거짓말도 방편이라는 것을 정당화하는 이론이다. 하지만 항상 문제가 되는 것은 「무엇이 좋은 결과인가」이다. 구체적으로 사례별 질병 상태, 본인의 바람, 가족의 의사, 주변 상황 등 여러 가지 요소를 고려하여 어떤 것이 좋은 결과인 지를 판단해야 한다.

3. 의무론과 인간중심 케어

인간중심 케어에서 「인간의 가치를 훼손하는 행위PD; Personal Detraction」로 제시되는 행위,

예를 들어 속임수, 권한을 빼앗는다, 낙인을 찍는다, 편견을 갖는다, 호소를 거절한다, 무시하거나 강요한다 등 17가지 행위는 존엄에 반하는 행위일 뿐 아니라 윤리적 의무에 반하는 행위이기도 하다.

IX 리스크 매니지먼트 ; 시설 내의 낙상 사고

【 사 례 】

치매인 H씨는 시설의 개인실에서 간이 변기에서 볼일을 본 뒤, 배설물을 직접 버리려다가 화장실 칸막이에 걸려 넘어져 골절되었다. 입원과 통원 치료 후에 혼자서 보행하기 어렵게 되어 요개호 2에서 3이 되었기 때문에 시설에 소송을 제기하였다.

1. 「법」은 윤리의 최소한도
; 과실을 범하지 않는 것은 윤리적인 것의 기본

낙상 사고는 일상 케어에서 일정 비율 일어나고 있다. 그리고 최근 H씨처럼 시설 측에 고액의 손해배상을 청구하는 경우도 많다.

열심히 케어하면서 낙상 예방에 노력을 했지만 낙상 사고가 일어나서 노인이 피해를 입었을 때 느끼는 책임감은 도덕적·윤리적 자책감이다. 하지만 법적 책임은 그것뿐만 아니라, 그 결과가 발생하게 된 프로세스적인 과실이 필요하다. 즉, 과실이 없으면 피해가 발생하더라도 법적 책임을 물을 수 없다.

과실이란 그러한 결과를 예측할 수 있었음에도 부주의하게 방치해 두고(예견의무 위반), 나쁜 결과를 회피하지 못한 것(회피의무 위반)을 가리킨다. 이 사례에서는 H씨가 화장실에서 오물을 처리할 때 칸막이에 걸려 넘어질 수도 있다는 것을 예견할 수 있었는데도 그 칸막이에 대해 주의를 촉구하거나 칸막이에 걸려 넘어지지 않도록 표시를 해 두는 등, 낙상 사고를 방지하려는 노력을 하지 않았을 경우에 과실이 있다고 볼 수 있다. 실제 재판 사례에서도 「방에 있는 간이 변기에 배설물이 남아 있으면 신체가 부자연스러운 노인이라도 불쾌함 때문에 화장실까지 가서 처리하려고 생각하는 것은 당연하다. 따라서 간이 변기 청소를 하지 않은 시설 측에게 케어 서비스상의 의무 위반이 있다」고 판결했다.

2. 의료(케어) 사고와 (우발적) 사고accident · (부수적) 사고incident

「과실」 = 「예견의무 위반」 + 「회피의무 위반」이다. 아래에는 리스크 매니지먼트와 관계되어 있고 혼동하기 쉬운 용어를 설명하고자 한다.

- 의료 사고 : 의료행위나 의료시설을 원인으로 하는 모든 유해한 결과를 의미한다. 「과실」 + 「불가항력」
- 의료 과오 : 의료사고 중에서 과실에 의한 것을 의미한다.
- (우발적) 사고accident : 의료행위나 의료시설을 원인으로 하는 불가항력적인 유해 결

과를 의미한다.
- (부수적) 사고incident : 유해 결과는 생기지 않았지만 하마터면 의료사고를 일으킬 뻔 했던 사태를 말한다.

3. 사고 이후의 대응

실제로는 단순히 사고가 일어났다는 것만으로 소송을 제기하는 것은 아니다. 대부분의 피해자와 가족들이 소송을 제기하기까지는 나름대로 이유가 있다.

H씨의 경우, 사고가 났다는 사실을 가족들에게 알릴 것인지를 시설 측에서 망설였고, 가족이 달려왔을 때 책임자가 부재중이어서 충분한 설명이 없었기 때문에 가족들은 화가 났다. 이처럼 소송이 제기되는 사례에는 〈사고〉라는 피해에 대화 부족이라는 문제가 더해진 경우가 많다. 원인을 규명하고 이에 대해 정중하게 설명하는 것이 중요하다. 그리고 시설 측에 과실이 있었다면 그에 대해 「신속하게」, 「반복하여」, 「성실하게」 설명하고 사죄해야 한다. 그 즉시 윤리적으로 적절하게 처신해야 하는 것이다.

고지告知

【사례】

회사원 K씨는 치매클리닉에서 알츠하이머형 치매라는 진단을 받았다. 하지만 주치의는 본인에게는 알리지 않고 아내에게만 병명을 말했다. K씨는 불안해하고 있지만 아내는 병명을 말하지 못하고 있다.

---

1. 고지는 본인의 의사능력이 있을 때

K씨의 경우처럼 「고지했더니 감정적 혼란이 일어나 치매가 악화됐다」, 「너무 빨리 고지하면 자살하는 경우도 많다」라는 염려 때문에 치매라고 알리지 않는 경우가 종종 있다. 하지만 오늘날 의료현장에서는 환자의 자율성을 존중한다는 관점에서 본인에게

의사능력이 있다면 고지하는 것이 일반적이다.

　고지하는 것은 원칙적으로는 본인에게 의사능력이 있는 경우이다. 알츠하이머형 치매가 진행되어 의사능력을 잃어버린 경우에는 본인의 정보를 이해하거나 인식·유지할 수 없기 때문에 오히려 혼란이 일으키게 되는 등 고지의 단점만 드러나게 된다. 그런 경우에는 가족에게만 알리게 된다.

　K씨의 경우, 최근 건망증이 심해지긴 했지만 회사에서 지금까지와 마찬가지로 일을 하고 있다. 앞으로의 생활이나 업무에 대한 것을 걱정하고 있으며, 앞으로의 생활을 계획하기 위해서라도 본인의 병명과 예상되는 경과를 알려주어야 한다.

2. 고지의 장·단점

　고지는 치매인의 자율성(자기결정권)을 존중한다는 관점에서도 중요하지만, 윤리적 관점에서도 매우 중요한 문제이다. 본인이 질병에 대해 알고 있으면 자기 가치관에 따라 앞으로의 생활이나 의료, 케어에 대해 적절한 선택을 할 수 있기 때문이다.

　당사자 입장에서 장·단점을 비교하여 사례에 따라 고지할 것인지를 판단한다.

• 장점

> **리빙 윌 Living Will**
> 존엄한 죽음을 위한 선언서, 혹은 생전유서라고도 한다. 본인이 결정을 내릴 수 없는 상태가 되었을 때 의료내용의 지시, 연명치료 유무 등 존엄한 죽음을 위해 자신이 바라는 것을 밝힌 유언이다.

① 감정적으로 안정될 수 있다.
② 조기 치료로 증상의 개선이나 진행을 늦출 수 있다.
③ 치료·케어 방침을 스스로 결정할 수 있다.
④ 사전지시에서 **리빙 윌** Living Will을 쓸 수 있다.
⑤ 사전지시에서 의료에 관한 대리 결정자를

지명할 수 있다.
⑥ 생활과 관련하여 임의후견인을 지명할 수 있다.
⑦ 신약 치료나 실험의 피실험자가 될 수 있다(연구 참여에 관한 사전지시).

- 단점
① 감정적으로 불안정하다.
② 자살을 기도할 위험이 있다.

3. 고지할 때의 배려

　고지할 때는 고지 내용, 타이밍, 심리적인 부분 등을 생각하여 배려하는 것이 중요하다. 고지 내용에서는 병명뿐만 아니라 향후 일상생활 지원에 대한 정보도 제공해야 한다. 심리적으로 건망증을 자각하는 것에 대한 괴로움과 미래에 대한 불안감을 이해하고 공감하면서 배려하는 태도로 진실을 고지 truth telling 하는 것이다.
　「고지한다」는 것은 치매인의 인생에 공감하면서 함께 미래에 대해 생각하는 「첫걸음」이며, 앞으로도 계속해서 지원한다는 책임이 동반되는 일이다. 따라서 고지 후에도 심리적 케어와 상담 등으로 감정적 혼란을 대처하고, 고독과 절망감에 빠지지 않도록 친절하게 대하는 자세가 중요하다. 그리고 일상생활이나 의료에 관한 사전돌봄계획 Advance Care Planning도 생각해 두는 것이 좋다.

XI 종말기(임종케어) 윤리

> 【 사례 】
> 시설에 입소 중인 M씨는 고도 치매이다. 최근 식사량이 줄어서 담당의사는 위루(경관영양)를 추천하고 있다. 하지만 가족은 「이제 충분히 나이가 드셨다」라면서 시설에서 자연스럽게 임종케어를 해주길 바라고 있다.

1. 적절한 「임종케어」는 적절한 의사 결정 과정을 통한 「임종케어에 대한 의사 확인」으로부터 시작한다

「임종케어」를 실시하는 시설이 늘어나면서 케어시설이나 그룹홈이 고인의 마지막 보금자리가 되는 경우가 많아졌다. 또한 앞으로는 재택 임종케어도 증가할 것으로 보인다.

본인에게 좀 더 나은 임종케어를 하려면 좋은 케어를 실천하는 것은 물론이고, 먼저 적절한 의사 결정 과정을 거쳐서 「임종케어에 대한 의사 확인」을 하는 것이 중요하다.

「임종케어 의사 확인」에서는 다음과 같은 윤리적 논점들을 생각해봐야 한다.

① 가족은 대리판단자(중요 인물)로서 합당한가?
② 본인은 정말로 연명치료를 원하지 않는가?
③ 가족의 대리판단은 적절한가?
④ 의학적으로 정말 종말기인가? 치료가 도움이 되지 않는(무익)가?
⑤ 가족끼리 의견이 다른 경우에는 어떻게 할 것인가?

이러한 윤리적 논점들 속에서 본인의 의사·가족의 의사·절차적 공정성 등에 대해 대략적으로 설명하고자 한다.

1) 본인 의사를 존중하는 것의 중요성

(1) 본인에게 의사능력이 있다면 「임종케어 의사 확인」은 본인의 뜻에 따라 작성한다

의료나 케어를 받을 때 자신의 증상 등에 대해 적절한 설명을 듣고, 그 정보들을 바탕으로 자신의 가치관에 따라서 자기결정을 할 수 있다. 이 자기결정권은 윤리원칙 중 자율존중 원칙과, 사전동의의 법리로서 법적으로도 보장되어 있다.

(2) 의사능력이 없는 사람의 자기결정권을 존중하기 위하여 ; 사전지시의 중요성

치매가 진행되거나 종말기에 가까워지면 대부분의 노인들은 의사표현을 하지 못하는 경우가 많다. 이러한 의사능력이 없는 사람들의 「자기결정권」을 존중하기 위해서는 「사전지시」가 매우 중요하다. 사전지시란 본인에게 의사능력이 있을 때 본인 스스로 향후의 임종케어(종말기 의료케어) 등에 대해서 미리 지시해 두는 것이다. 사전지시는 의사능력이 정상이었던 「예전 그 사람」의 자기결정권을 연장하는 것이기 때문에 「종말기 의사확인」을 할 때도 큰 도움이 된다.

특히 사전지시서를 작성하는 과정 그 자체가 의료케어 전문가와 환자 및 가족의 소통을 촉진시키고, 당사자의 삶에 공감하면서 더 가까이 다가서는 데 도움이 된다. 사전지시를 작성하는 것은 그 사람의 인생의 마지막 장을 결정하는 것과 같다. 또한 사전지시를 작성하는 과정에서 소통과 대화를 통해 본인 및 가족, 의료케어 전문가 등 관계자들 사이에 신뢰 관계를 구축할 수 있게 된다.

2) 본인이 의사를 표명할 수 없는 경우, 가족의 대리판단

(1) 누가 대리판단자가 되는가

「임종케어 의사 확인」을 할 때, 가족 중 가장 중요한 사람key person에게 몇 가지 선택사항을 제시한 뒤, 가족의 결정을 존중하여 따르는 경우가 있다. 하지만 누가 대리판단을 내리느냐에 따라 내용이 달라지기 때문에 문제가 될 수 있다. 「적절한 가족」이 대리판단을 해야 비로소 「좋은 판단」을 할 수 있게 된다. 자기결정이라 해도 현실적으로는 「가족 관계 속에서의 자기결정」이 되기 마련이다. 그리고 실제로 치료나 케어에 있어서 가족의 협력과 배려는 결과적으로 치매인의 이익이 된다. 하지만 반대로 노인학대와 이익 상충, 케어부담 등이 문제가 되는 상황도 있고, 가족이 당사자의 의사나 소망을 반영하여 대변하지 않는 경우도 있고, 본인에게 가장 좋은 것이 무엇인지를 가족이 판단할 수 있을지 의문인 경우도 있다.

치매인 본인이 지명한 대리판단자proxy가 있다면 가장 이상적일 것이다. 본인에게 의사능력이 있을 때 대리판단자를 직접 지명해두는 것이 본인의 자기결정권autonomy을 가장 잘 존중받을 수 있기 때문이다. 그리고 원칙적으로 의료·케어 제공자는 대리판단자가 될 수 없다. 의료·케어 제공자가 종말기 의료 케어(임종케어)에 대해 최종 판단자가 될 경우, 자기결정권은 명목에 지나지 않게 되고 과거의 구태의연한 온정주의로 역행하는 것이 되기 때문이다.

가족이 본인 대신 종말기 의료에 대해 결정할 수 있으려면 ① 가족이 환자의 성격과 가치관 및 인생관 등을 충분히 알고, 그 의사를 정확히 추정할 수 있는 입장에 있으며, ② 가족이 환자의 증상 및 치료 내용·예후 등에 대해 충분한 정보와 정확한 인식을 가지고 있고, ③ 가족의 의사가 환자의 입장에서 진지하게 고려한 결과일 경우이다(1995년의 토카이대학 사건 판결에서 저자 발췌). 이런 조건을 충족한 가족이라면 본인의 임종케어에 대해 적절한 의사 결정(임종케어 의사 확인)을 할 수 있을 것이다.

(2) 대리판단 절차

위의 조건을 충족한 「적절한 가족」이 대리판단을 할 때는 적절한 대리판단 절차를 밟아야 한다. 「적절한 대리판단 절차」란 ① 사전지시의 존중, ② 대행 판단(본인 의사를 적절하게 추정하는 것), ③ 최선의 이익 판단이다. 의료·케어 전문가들은 이 절차에 따라서 가족(대리 결정자)에게 임종케어 의사 확인을 실시해야 한다.

3) 「본인이 결정하는 것」과 「가족이 결정하는 것」의 윤리적 차이

임종케어 의사 확인을 올바르게 하기 위해서는 가족이 적절한 대리판단을 해야 한다. 사실 오랫동안 노인과 함께 생활해온 가족들이라면 대부분 적절한 대리판단을 할 수 있을 것이다. 하지만 여러 가지 사정이 있기 때문에 가족의 대리판단이 항상 적절하다고는 할 수는 없다. 여기에서는 「가족의 대리판단」의 의미를 살펴보고자 한다.

가족의 의견이나 대리 승낙·동의는 당연히 수용해야 한다고 여기는 경향이 있지만,

> **일신전속적**
> 권리가 특정한 주체와의 사이에 특별히 긴밀한 관계가 있기 때문에 그 주체만이 향유·행사할 수 있는 권리이다.

법적으로 반드시 그렇지는 않다. 이는 「의료 동의」가 법적으로 「**일신전속적** 법익法益 침해에 대한 승인」이며, 「법률행위는 아니다」라고 여겨지기 때문이다. 따라서 「가족 등에 의한 동의는 본인의 동의권을 대행하는 것에 지나지 않으며, 제3자(가족)에게 동의권을 부여하는 것은 아니다」라고 생각할 수 있다. 즉, 가족 등에 의한 대리 승낙은 본인에게 의사능력이 없는 경우, 어디까지나 본인의 이익을 위한 것이거나 본인에게 불이익이 되지 않도록 하는 경우에만 정당화되는 것이다.

2. 절차적 공정성

종말기의 임종케어 문제는 각각 개성과 특징이 다르기 때문에 결론이 항상 같을 수는 없다. 따라서 「경관영양을 한다·하지 않는다」, 「심폐소생술을 한다·하지 않는다」, 「인공호흡기를 사용한다·사용하지 않는다」, 「자연적인 임종케어를 한다·연명치료를 한다」하는 양자택일적인 결론을 내는 것이 아니라, 문제는 「그 결론을 이끌어내는 과정」인 것이다.

각각의 경우에 따라 올바른 결론을 이끌어내기 위해서는 적절한 의사 결정 과정을 거치는 것이 중요하며, 구체적으로 앞서 설명한 것처럼 적절한 대리판단자에 의해서, 적절한 대리판단 절차를 거쳐야 한다.

그리고 이러한 의사 결정 절차에서 「대화의 절차」는 매우 중요하다. 절차적 공정성을 확보하기 위해서는 충분한 의사소통·투명성·중립성에 유의해야 한다. 대화의 내용에 있어서는 의학적 사항뿐만 아니라 윤리적 가치에 관한 사항, 두 가지 모두를 다뤄야 한다. 「의학적 사항」에 있어서는 현재의 상태·향후 일어날 수 있는 일·치료법·치료법의 치유 가능성 등 충분한 정보를 제시해야 한다. 그리고 「윤리적 가치」에 있어서는 「치료 목표가 무엇인지」, 「어떠한 QOL(삶의 질)을 원하고 있는지」 등 환자 본인의 가치관·인생관을 충분히 고려해야 한다.

3. 사전돌봄계획Advance Care Planning의 중요성 = 대화·의사소통의 중요성

종말기 의료에 관한 윤리적 딜레마, 구체적으로 「연명치료를 할 것인가, 말 것인가」, 「가족이 대리결정자(중요한 사람)로서 적절한가」, 「본인은 정말 연명치료를 원치 않는가」, 「가족의 대리판단은 적절한가」 등의 윤리적 문제를 미리 생각해두면 향후 사회 전체의 「환자·가족」, 「의료」, 「케어」에 대해 더 좋은 해결책을 찾을 수 있을 것이다.

구체적으로 환자 입장에서는 사전지시의 보급, 의료 측면에서는 병원은 물론 재택 의료에서도 **연명의료계획서**(DNAR, POLST)를 윤리적으로 적절한 절차에 따라 작성하는것, 케어 측면에서는 「임종케어 본인 의사 확인서」를 윤리적으로 적절한 절차에 따라 작성하는 것이다.

> **연명의료계획서**
> Dnar : Do Not Attempt Resuscitation
> Polst : Physician Orders for Life-Sustaining Treatment

또한 일본임상윤리학회의 워킹그룹은 2015년 3월에 DNAR지시(POLST)에 관한 지침으로 「기본자세」, 「서식」, 「가이드라인」을 발표했다.

종말기 의료(임종케어)의 윤리에 대해서는 「윤리적으로 적절한 의사 결정 절차」가 기본이며, 그것을 실천하려면 본인에게 의사능력이 있을 때 미리 의사소통·대화의 과정을 통해 사전돌봄계획이라는 결과물을 내는 것이 중요하다. 의료·케어 전문직들에게는 당사자의 가치관을 존중하면서 「그 사람을 위해」, 「모두가 함께 생각해보자」라는 자세가 필요하다.

제3장

치매인과의 의사소통

Dementia Care Textbook

Ⅰ. 치매인과의 의사소통을 위한 기본적 관점

Ⅱ. 의사소통의 특성과 상담면접 기술

Ⅲ. 상담면접 기술의 활용

　　; 치매인과 의미 있는 의사소통을 위해서

DEMENTIA CARE
TEXTBOOK

I 치매인과의 의사소통을 위한 기본적 관점

치매케어를 실천하려면 질 좋은 의사소통이 반드시 필요하다. 치매케어에서 의사소통이란 이야기를 주고받는 것뿐만 아니라, 의사소통을 통해 「전문적인 케어」를 제공하는 것을 의미한다. 즉, 다양한 생활 속에서 의사소통을 의도적·전문적으로 활용하여 상담이나 면담 등에서 치매인이 안고 있는 과제를 해결하거나 욕구needs를 충족시킴으로써, 생활의 질을 향상시키거나 과제를 해결하는 데 도움을 주는 것을 목표로 한다.

치매인과 의사소통을 하려면 치매의 특성을 잘 파악하고 있어야 한다. 그렇다고해서 치매인을 대하는 특별한 방법이나 기술이 있는 것이 아니라, 다른 사람과 의사소통을 할 때 필요한 공통적인 특성을 기반으로 한다. 예를 들어, 치매인과 의사소통을 하기 위한 환경 정비, 치매인의 감정 접근, 치매의 진행 정도에 맞는 언어 선택, 말하는 속도 조정 등 여러 가지 측면에서 유의해야 할 사항이 있다는 점을 염두에 두어야 한다.

여기서는 치매인과의 의미 있는 의사소통을 하기 위한 기본적 관점에 대해 다음 4가지를 정리하고자 한다.

1. 개별화의 관점에서 「할 수 있는 것」에 주목한다

대상자가 되는 치매인을 「개인」으로 파악하는 「개별화의 원칙」은 대인원조의 기본 원칙이며, 치매케어를 할 때도 치매인을 이해하는 매우 중요한 관점이 된다. 치매인은 성별, 연령, 가족 구성, 출신 지역 등의 기본 특성은 물론이고, 치매의 원인질병과 그 밖의 장애나 질병, 주거환경, **일상생활동작**ADL; Activities of Daily Living, **수단적 일상생활동작**IADL; Instrumental Activities of Daily Living 등에 따라 개인차가 있다. 치매케어는 이러한 요소를 정밀하게 개별화하여 일상적인 케어에 반영해야 한다. 획일적인 틀에 치매인을 끼워 맞춰서는 안 된다.

> **일상생활동작ADL**
> 식사, 배설, 목욕, 옷 입기, 이동 등과 같이 일상생활에 꼭 필요한 기본적 동작을 의미한다. 이러한 수행능력을 평가하여 대상자가 무엇을 필요로 하는지 사정하는 데 사용되기도 한다.

> **수단적 일상생활동작IADL**
> 생활용품 구입, 전화 걸기, 버스·전철타기, 간단한 집안일 등 물건이나 도구를 사용하는 데 필요한 능력을 의미한다.

또한 치매케어의 「개별화」에서 중요한 것은 치매인이 지금의 생활이나 인생에서 치매를 어떻게 받아들이고, 어떻게 느끼고 있는지 치매인의 입장에서는 개별화의 관점을 갖는 것이다. 치매인이 자신의 문제에 대해 어떻게 생각하고 느끼느냐에 따라 의사소통 방법도 달라져야 한다. 치매인에게 기계적으로 대응하지 말고, 치매인의 가치관과 인식, 희망과 의향 등을 충분히 파악하여 개별화된 의사소통을 실시해야 한다.

또한 개별화는 치매인이 「할 수 있는 것」과 강점, 장점에 초점을 맞추는 것이 중요하다. 치매케어는 「할 수 없는 것」에 중점을 두기보다는 「할 수 있는 것」을 포함한 전체적인 시각에서 치매인을 파악해야 한다. 「할 수 있는 것」이나 장점은 신체적 측면에서 잔존 기능의 활용이라는 의미도 있지만, 치매인의 의욕과 긍정적인 자세까지 포함한다. 치매인과의 의사소통은 「할 수 없는 것」을 보완하는 측면뿐만 아니라, 「할 수 있는 것」이라는 긍정적인 측면을 활용하여 전체적으로 강화하는 방향성이 중요하다.

2. 치매인이 주체가 되는 지원

　치매인이 주체가 되도록 지원하는 것은 치매케어의 실천에서 매우 중요한 관점이다. 대상자 본인이 과제 해결의 주체가 되는 대인원조의 기본적 관점은 비록 치매가 있다 해도 자기결정을 지원한다는 실천을 구체적으로 실행하는 것과 같다. 이때는 최종적인 결과뿐만 아니라 그 결과에 이르기까지의 모든 과정을 중요하게 여기게 된다. 자기결정 과정이 지원자supporter와의 신뢰관계가 뒷받침된 원조관계를 통해 수행되는 것이다. 이 관계는 적절한 의사소통을 시도하기 위한 기본 요소가 된다.

　치매케어 담당자를 포함한 전문직이 지원자로서 사람과 관계하게 되면 「지원하는 쪽」과 「지원받는 쪽」이라는 구도가 된다. 이것은 대인원조 전문직의 공통점이다. 의료현장에서는 「치료하는 쪽(의사)」과 「치료받는 쪽(환자)」, 교육현장에서는 「가르치는 쪽(교사)」과 「가르침을 받는 쪽(학생)」이 되는 것과 동일하다. 이런 구도는 「사람을 원조하는」 데 심각한 영향을 미치기도 한다. 이른바 「온정주의paternalism」라고 불린다. 「원조하는 쪽」은 전문적인 지식, 정보, 기술을 보유하고 있고, 「원조를 받는 쪽」은 치료나 해결이 필요한 「문제」와 「약점」이 있는 존재가 되어, 양자 간에 압도적인 힘의 차이가 발생하게 된다. 이 온정주의에 강하게 구속됨으로써 「지원받는 쪽」이 「지원하는 쪽」에 쉽게 의존하게 된다. 이런 사항을 원조자가 의식하고 있지 않으면 대상자는 「원조를 받는 사람」, 원조자는 「원조해 주는 사람」이라는 일방적인 관계가 되어버린다. 의사소통을 의미 있게 활용하려면 이러한 것에도 충분히 유의해야 한다.

3. 신뢰를 바탕으로 하는 원조관계 형성

　치매인과 연결시켜 주는 「원조관계」는 치매케어의 필수적인 구성 요소이다. 의사소통은 이 원조관계를 형성하기 위해서도 활용된다. 원조관계는 부자관계나 친구관계와는 질적으로 전혀 다른 전문적·직업적인 관계이다. 치매인들은 원조자와의 관계를 통해서 스스로 과제를 해결하거나 욕구를 충족하게 된다.

치매인이 원조자와「연결되어 있다」는 느낌은 치매인과의 의사소통에서 매우 중요한 의미가 있다. 즉, 치매인은 원조자와의 관계성에 따라 자신이「있을 곳(거처)」을 가질 수 있고, 또한「자신이 여기에 있다」라고「존재」를 확인할 수 있다. 누구나「이 사람과 함께 있으면 안심이 된다」라고 느끼는 경험이 있을 것이다. 그것은 상대와의 관계 속에 자신의 자리가 있으며, 상대에게 인정받는 것으로 존재를 확인할 수 있기 때문이다. 치매인이 대상인 경우에도 원조자와의 관계를 통해서 자신의 존재를 확인할 수 있다는 것은 큰 의미가 있다.

이러한 원조관계를 형성하려면 의사소통 기술을 활용한 전문적인 행위가 필요하다. 단순히 열정과 친절함만으로 대상자를 대한다면 이 원조관계는 형성될 수 없다. 따라서 치매인과 의사소통을 할 때, 치매인과 원조관계를 형성하기 위한 전문적인 관점으로 다음의 5가지 사항을 제시하고자 한다. 이 사항들은 의미 있는 의사소통의 기본이 된다.

첫째, 치매인과 원조자가 한 공간에「함께 있는 것」은 말을 주고받는 것보다 더 중요한 의미가 있다. 예를 들어, 바깥바람을 함께 느끼거나, 함께 행동하면서 이에 대한 일정한 패턴이 생기거나, 때마침 시선이 마주치는 것 등은 원조관계를 형성하는 토대가 된다. 치매인과 의사소통을 할 때에는 '지금, 여기에'라는 시간과 공간의 개념 외에도 '함께 존재하는 것'을 의식하면서 관계맺는 것이 중요하다.

둘째, 치매인 자체를 받아들이는 것이다. 이것은「수용」이라는 대인원조의 기본 원칙이다.「수용」이란 치매인의 존재 그 자체를 가치 있는 인간으로 인정하는 것을 말한다. 즉, 그 사람의 방식을 수용하는 것으로, 그 사람이 왜 그렇게 생각하고 느끼고 행동하는지 치매인의 입장에 서서 이해하는 것으로 이어진다. 전문직에게 의지할 수밖에 없는 치매인의 심정, 하고 싶은 말을 생각대로 전달할 수 없기 때문에 느끼는 초조함 등을 있는 그대로 받아들이는 것이 중요하다. 비록 치매가 있어도 가치 있는 존재로 인정받게 되면 원조관계 형성에 좋은 영향을 미치게 된다.

셋째, 치매인의 감정에 다가가는 것이다. 일상생활에서의 문제나 욕구 뒤에는 괴롭고, 쓸쓸하고, 뭔가 하고 싶다는 감정이 존재하고 있다. 그것은 치매인도 마찬가지이다. 치매인의 이러한 희로애락의 감정을 원조자가 적절히 포착하여 다가서는 것은 원조관계 형성을 위해 꼭 필요하다. 특히 부정적 감정을 적절하게 대응해주는 것이 중요하며, 표면화되지 않은 욕구에도 주의를 기울여야 한다. 「치매인의 마음에 다가간다」는 작업을 통해서 치매인의 감정을 이해하고, 「저는 당신의 기분을 잘 이해하고 있습니다」라는 메시지를 태도나 표정으로 치매인에게 전달하는 의사소통은 원조관계 형성에 필수적이다.

넷째, 대화를 효과적으로 활용하면서 치매인의 이야기를 제대로 듣고 상대에게 정확하게 응답하는 것이다. 그 과정에서 공감적 대응을 포함하여 대화가 쌓이는 것이 원조관계 형성으로 이어진다. 치매인과의 대화에서 비록 앞뒤가 맞지 않는 것이 있어도 일관되게 경청의 자세를 유지하면 치매인에게 안정감을 주며 원활한 의사소통으로 이어지게 된다.

다섯째, 치매인과의 협동 작업을 중요하게 여기는 것이다. 원조관계는 상담실 등에서 얼굴을 마주하는 관계 속에서만 형성되는 것은 아니다. 하나하나의 구체적인 협동 작업을 통해 원조관계가 확고해진다. 특히 치매인과의 의사소통 상황은 다양하고, 여러 가지 일상이나 프로그램 상에서 전개된다. 치매케어는 그 과정을 치매인과 함께 걸어가겠다는 자세가 기본이고, 거기에서 의사소통이 원조관계 형성으로 이어진다는 관점이 중요하다.

4. 사회 환경 속에서 치매인을 파악하는 관점 갖기

치매인을 「상황 속의 사람person in the situation」으로 파악하고, 그 지점에서 의사소통을 활성화하는 것은 상담지원의 기본적 관점 중 하나이다. 사람의 생활은 부부, 가족, 친척, 이웃, 지역, 직장, 학교 등 다양한 사회관계로 구성되어 있다. 이것은 치매인 역시 마찬가지이다.

치매인은 다양한 사회 환경 속의 사람과 상호작용하여 관계하면서 살아가고, 시스템 내에서의 사회관계는 신체 변화에 따라 크게 변화한다. 원조자는 사람을 「점」으로 파악하는 게 아니라, 사회 환경이라고 하는 「면」 속에 있는 사람으로 인식하는 것이 중요하다. 즉 사람과 그 환경을 「시스템」으로 파악하는 것이 된다.

당사자인 치매인에게만 집중하지 말고 치매인을 둘러싼 환경에도 눈을 돌려 활동의 범위를 확대시킨다. 즉 가족과 친척, 지역주민, 조직이나 단체의 서비스 등 지역에 존재하는 자원을 최대한 활용하고, 대상자의 요구와 연결할 것인지 하지 않을 것인지를 확인하여, 최대한 치매인이 납득할 수 있는 향후의 생활방식을 찾는 것이 중요하다. 이 과정에서 치매인과의 의사소통이 활용된다.

II 의사소통의 특성과 상담면접 기술

의사소통을 의도적이고 전문적으로 활용하려면 구체적으로 상담면접 기술을 이해하고 습득해야 한다. 우선, 상담면접 기술의 기초 개념인 의사소통의 기본 특성에 대해서 정리하고자 한다. 「의사소통」을 단적으로 정의하면 「양자 간에 서로의 의지나 감정을 전달하는 것」이라고 할 수 있다. 이것은 의사소통의 성립 요건으로서, 일방통행이 아니라 상호 교환, 즉 양쪽 모두에게 영향을 주는 상호작용이 있다는 것이다. 이것은 사람이 사회생활을 할 때 인간관계를 구축하는 필수적인 수단이라고도 할 수 있다. 일반적으로 의사소통은 정보 교환, 과제의 해결, 정서 안정 등의 기능이 있다.

개인의 인성과 문화적 배경이 의사소통 방식에 큰 영향을 미친다. 다시 말해 사람에 따라 의사소통을 하는 방법에 개인차가 있음을 의미한다. 특히, 치매인과의 의사소통은 이 점에 주의하여 상담면접에 임해야 한다.

의사소통의 내용은 다양하다. 대부분 말을 이용한 「언어적 의사소통 verbal communication」과 말을 이용하지 않는 「비언어적 의사소통 nonverbal communication」으로 구분한다. 이러한 2가지 유형의 의사소통이 조합되어 의사소통이 성립한다.

언어적 의사소통은 어떤 단어를 선택하느냐가 중요하다. 같은 내용을 표현해도 어떤 단어를 쓰느냐에 따라 뉘앙스가 크게 달라지기 때문이다. 상담지원 전문직이 다양한 어휘를 사용할 수 있어야 하는 이유가 여기에 있다. 또한 유사 언어라고 하는 성량, 속도, 소리의 질, 발음, 그리고 말을 하지 않음으로써 구체적인 메시지를 전달 할 수 있는 침묵 등도 의사소통의 내용에 영향을 주는 요소가 된다.

반면, 비언어적 의사소통은 의사소통에서 매우 큰 비중을 차지한다. 특히, 감정 전달의 중요한 수단인 「비언어」에는 다양한 요소가 포함되어 있지만, 그 중에서도 「표정」은 많은 메시지를 전달한다. 「눈도 입만큼 말을 한다」라고 하듯이 눈동자의 움직임, 눈 깜빡임, 눈물, 시선의 방향, 응시하는 시간 등은 중요한 정보가 된다. 그 밖에 몸짓 등의 신체동작, 신장(키)과 복장과 같은 신체적 특징, 스킨십을 통한 접촉 행동도 비언어적으로 감정을 전달하는 중요한 요소가 된다.

면담 상황에서도 감정 전달은 매우 중요한 요소이기 때문에 치매인의 비언어적 메시지를 간과해서는 안 된다. 이는 원조자에게 「관찰자」로서의 역량이 필요하다는 것을 의미한다. 치매인의 표정이나 태도 등에서 드러나는 의식적, 무의식적인 메시지를 정확히 파악함으로써 치매인을 이해할 수 있게 된다.

의사소통이란 쌍방향으로 교환되는 것이기 때문에, 다양한 형태로 전달되는 치매인의 메시지를 민감하게 수용할 뿐만 아니라, 원조자로서의 메시지를 정확하게 전달하는 기술도 필요하다. 하지만 어디까지나 주체는 치매인이기 때문에 가장 먼저 치매인의 호소를 비심판적 태도로 마음을 기울여 듣는 「경청」의 자세가 필요하다.

III 상담면접 기술의 활용
; 치매인과 의미 있는 의사소통을 위해서

    치매인과 의미 있는 의사소통을 하려면 상담면접 기술을 활용해야 한다. 상담면접 기술은 모든 대인원조 전문직에게 요구되는 기술이다. 대상자인 치매인의 이야기를 듣고, 이야기를 전개하고, 치매인의 잠재적 욕구를 깊이 들여다보고, 자기결정을 지원하는 모든 과정에서 전문적인 면접 기술이 활용된다. 또한 적절한 의사소통을 통해서 수용, 개별화, 비심판적 태도 등 대인원조의 원칙으로 대표되는 원조관계 형성을 위한 원칙이나, 공감적 이해 등의 실천 원칙을 수행한다.

    상담지원을 위한 면접이란 「일정한 상황에서 원조자(면접자)와 대상자(피면접자)가 특정한 목적을 가지고 실시하는 상호작용(의사소통)의 과정」이다. 여기서 말하는 면접이란 단순히 일상적인 대화와 상담이 아니라, 여러 가지 요소로 구성되는 구조적인 것이다. 당연히 치매인과의 면접에서는 치매인의 상태에 맞는 이러한 상담면접 기술들을 활용한다.

⟨ 표 3-1 ⟩ 의미 있는 의사소통을 위한 상담면접의 구조와 면접 환경

면접을 원조의 수단으로 도입	상담면접을 대인원조의 「가치」를 구체화하기 위한 수단으로 삼는다.
상담면접의 환경 갖추기	효과적인 상담면접을 위한 물리적 조건을 정비하고, 각 면접 상황의 특성을 지원하여 살린다.
시간제한의 활용	상담면접에 시간제한이 있음을 명시하고 그것을 의도적으로 활용한다.
태도·자세와 거리·각도를 적절히 유지	치매인을 대할 때 적절한 태도와 자세를 유지하고, 면접 상황에서 치매인과의 거리와 각도를 적절히 유지한다.
말의 속도와 목소리를 적절히 유지	대화 내용, 전개 상황, 치매인의 감정 등에 맞춰 말의 속도와 목소리를 적절히 유지한다.

(출처) 岩間伸之:対人援助のための相談面接技術;逐語で学ぶ21の技法. 中央法規出版, 東京(2008).

1. 의미 있는 상담면접 형태와 물리적 조건

　　의미 있는 상담면접을 위해서는 그 과정에서 이용되는 전문적인 상담면접 기술을 향상시키는 것이 필수적이겠지만, 여기서는 그 기술 활용의 전제가 되는 상담면접의 형태와 면접에 맞는 물리적 조건에 대해 정리하고자 한다. 의미 있는 의사소통을 위한 상담면접의 구조와 면접 환경에 대해서는 ⟨표 3-1⟩에 정리해두었다.

　　면담실이나 상담실 등 면접상담 전용 공간에서 예약제로 일정한 시간제한을 설정하여 대상자의 상담에 응하는 면접 형태는 상담면접의 기본이며 많은 장점이 있다. 이러한 구조적인 면접에서는 내담자client도 집중할 수 있고, 상담내용을 다른 사람이 듣거나 소리가 밖으로 샐 염려도 없다. 또한 내담자 입장에서는 이러한 면접상담 전용 공간에 찾아오는 시점에 이미 「어려운 문제를 의논하면 좋겠다」라는 동기부여가 어느 정도 되어 있기 때문에, 상담면접의 목적 중 하나인 과제 해결을 위한 노력의 과정으로 부드

럽게 들어갈 수 있다.

　이러한 구조적인 면접 형태에는 내담자가 혼자 찾아오는 1:1 면담뿐만 아니라 부부나 가족 등 내담자가 복수인 경우도 있다. 치매인의 경우에는 가족이 함께하는 경우가 드물지 않다.

　하지만 상담면접 형태 중에서 이러한 구조적인 면접뿐만 아니라, 비구조적 면접인 「생활공간 면접life space interview」도 아주 중요한 면접 형태로 규정된다. 특히, 치매케어의 경우, 중요한 상황이다. 이것은 말 그대로 치매인의 생활공간 속에서 면접을 하는 형태이며, 치매케어를 비롯한 지역의 보건·의료·복지관련 전문직에게는 일반적인 면접 상황이다. 생활공간 면접은 그 업무 내용부터가 대상자의 자택에서 실시되는 방문면접으로 중요한 면접 형태이다. 치매인은 자신의 생활공간에서 하기 때문에 편안하게 이야기할 수 있다는 장점이 있고, 상담면접 전문직은 면접실에서는 파악할 수 없었던 정보를 생활공간 속에서 얻을 수가 있다. 하지만 신뢰관계가 없으면 누가 자신의 공간에 들어오는 것에 대해 거부감을 느낄 수도 있고, 다뤄야 할 내용을 집중해서 이야기할 수 없는 경우도 있다.

　면접을 할 때는 치매인이 편안하게 면접할 수 있는 환경을 마련해야 한다. 물리적 환경으로는 먼저, 대상자와 원조자 사이에 적절한 거리와 대면하는 각도를 확보할 필요가 있다. 모든 사람은 개체공간personal space을 가지고 있다. 이것은 집단 사이의 「영역」이라 할 수 있는 것으로, 타인이 들어오면 불쾌감이 생기는 거리이다. 이것은 사람마다 차이가 있기 때문에 대상자의 개체공간을 존중하면서 적절한 거리를 유지하는 것이 중요하다. 무의식이라 하더라도 원조자의 개체공간을 강요하는 형태가 되면 상대에게 심리적 압박을 가하는 것이 된다. 또한 원조자가 대상자와의 눈높이를 수평, 혹은 상대보다 약간 아래로 설정하는 것이 중요하다는 것은 잘 알려져 있다. 생활공간 면접에서 휠체어에 탄 대상자나 침대에 누운 대상자와 이야기를 할 때는 특히 배려가 필요하다. 게다가 원조자와 대상자가 정면으로 시선을 맞추면 치매인이 압박감을 느낄 수 있기 때문에 어느 쪽으로든 살짝 비켜서 앉는 등의 배려도 필요하다.

상담실에서 상담면접을 할 때는 조명의 밝기와 실내온도를 적절하게 유지하고, 말소리가 새나가지 않는 안정적인 구조, 대상자가 눈길을 줄 수 있도록 꽃이나 그림을 두는 등 물리적인 조건을 갖추는 것이 좋다. 또한 대상자들의 집과 침대 곁에서 이뤄지는 생활공간 면접인 경우, 개인의 사생활 보호를 위해 충분히 배려해야 한다.

2. 의미 있는 의사소통을 위한 상담면접 기술의 전개

위의 사항들을 바탕으로 원조전문직이 사용하는 상담면접 기술 21가지를 정리하고, 각 기술들을 개괄적으로 설명하고자 한다.[1]

상담면접 기술은 우리가 일상적으로 사용하는 의사소통의 연장선상에 있다. 그런 의미에서 의사소통은 평소 무의식적으로 사용하고 있으며, 매우 익숙한 것이라 할 수 있다. 하지만 원조관계의 형성, 정보 수집, 과제 해결과 같은 면접의 목적을 위해 적절히 사용하려면 훈련이 필요하다. 그렇지 않으면 사용할 수 없는 것이다.

의사소통 기술로서의 면접 기술에 대해서는 〈표 3-2〉에 「면접을 전개하는 기술」, 〈표 3-3〉에 「감정에 접근하는 기술」로 정리해 두었다. 다음에는 각 상담면접 기술에 대한 개요를 설명하고자 한다.

1) 면접을 전개하는 기술

「면접을 전개하는 기술」은 촉구, 방향성, 깨달음과 같은 상담면접 과정을 촉진하기 위한 면접 기술의 집합체이다. 상담면접 과정에서 대화가 흘러가고, 치매인과 주고받는다고 해서 원하는 목적에 도달하는 것은 아니다. 원조자의 전문 기술로 치매인에게 발언하기를

〈 표 3-2 〉 면접을 전개하는 기술

눈맞춤을 활용한다	시선을 자연스럽게 이용하거나 눈맞춤을 의도적으로 활용하여 면접 과정을 원활하고 효과적으로 진행한다.
끄덕인다 (수긍)	적절하고 의도적인 끄덕임으로 치매인의 발언을 격려하거나 발언을 더 할 수 있도록 촉구한다.
맞장구를 친다	치매인의 이야기에 적절하고 의도적으로 맞장구를 쳐서 발언을 더 할 수 있도록 촉구한다.
침묵을 활용한다	침묵을 효과적으로 활용하여 치매인이 생각을 심화시킬 수 있게 이끈다.
열린 질문을 한다	「네/아니오」로 답할 수 없는 질문을 함으로써, 자신의 말로 이야기를 더 할 수 있도록 촉구한다.
닫힌 질문을 한다	「네/아니오」로 답할 수 있는 질문을 함으로써, 필요한 정보를 정확하게 수집하는 동시에 자신의 말로 이야기 하는 계기를 만들어 준다.
반복한다	치매인이 한 말 일부를 그대로 치매인에게 돌려준다.
바꾸어 말한다 (관심)	치매인이 한 말을 다른 표현으로 바꿔서 응답함으로써, 관심을 가지고 듣고 있음을 전달하여 발언을 더 할 수 있도록 돕는다.
바꾸어 말한다(전개)	치매인의 발언을 다른 표현으로 바꿔서 응답함으로써, 이야기를 전개한다.
바꾸어 말한다 (깨달음)	치매인의 발언을 다른 표현으로 바꿔서 응답함으로써, 치매인이 스스로 깨닫고 통찰할 수 있도록 한다.
요약한다	치매인의 발언 내용을 정확하게 요약하여 돌려주는 것으로, 면접을 원활하고 효과적으로 진행한다.
모순을 지적한다	치매인의 발언 내용이나 언행의 모순을 지적함으로써 치매인이 깊이 생각하게 한다.
해석한다	치매인의 발언 내용을 해석하거나 의미를 부여함으로써, 치매인이 문제를 스스로 해결할 수 있게 인식을 깊게 한다.
화제를 수정한다	다루고 있는 화제를 적절히 수정하여 문제 해결의 차원으로 올린다.

(출처) 岩間伸之:対人援助のための相談面接技術:逐語で学ぶ21の技法. 中央法規出版, 東京(2008).

촉구하고, 방향을 제시하고, 치매인 스스로 자신이 처한 상황이나 과제를 깨달을 수 있도록 하는 것이다.

다음은 〈표 3-2〉에 나타낸 14가지 의사소통 기술에 대해 대략적으로 설명하고자 한다.

① 눈맞춤을 활용한다

시선을 자연스럽게 이용하고, 눈맞춤eye contact을 의도적으로 활용하여 면접 과정을 원활하고 효과적으로 진행하는 기법이다. 앞서 지적한 것처럼 눈은 비언어적 의사소통의 중요한 요소이다. 눈의 움직임이나 시선을 맞추는 것으로 다양한 메시지를 상대에게 전할 수 있다. 면접 시에는 원활한 의사소통을 하기 위해서, 또한 치매인의 발언을 격려하기 위한 비언어적 수단으로서 눈의 움직임이나 눈맞춤을 의식적으로 활용할 필요가 있다. 하지만 사람마다 시선에 대한 느낌이 다르기 때문에 상대방이 긴장하지 않도록 배려하는 것도 중요하다.

② 끄덕인다(수긍)

치매인의 이야기에 대해 적절하게 고개를 끄덕여서 치매인의 발언을 격려하거나 촉구하는 기술이다. 고개를 끄덕이는 비언어적 의사소통을 이용한 면접기술이자 적극적인 경청을 위한 한 가지 방법이다. 상담면접에서는 「최소한의 격려」라는 방법으로 활용된다. 목적은 치매인 당사자의 발언을 격려하거나 발언을 촉구하는 것이다. 수긍하는 것은 기본적으로 「당신의 이야기를 관심 있게 듣고 있습니다」, 「그런 식으로 계속 말해주세요.」라는 메시지를 전달하는 데 있다. 말 그대로 활동에 대한 최소한의 격려라고 할 수 있다. 또한 치매인이 발언을 주저하거나 적절한 말을 하지 못하는 상황에서는 원조자가 이러한 수긍을 적절하게 이용함으로써 치매인의 언어화 의욕을 환기시킬 수 있다.

③ 맞장구를 친다

치매인의 이야기에 적절하고 의도적으로 맞장구를 쳐서, 치매인이 발언을 더 할 수 있도록 촉구하는 기술이다. 맞장구를 쳐서 치매인이 이야기하기 쉬운 상황을 만들어 발언을 촉진하거나 그 발언 내용을 과제 해결을 위해 활용할 수 있도록 방향을 잡는 기술이다. 이것은 「고개를 끄덕인다」처럼 「최소한의 격려」의 하나로 분류되고, 실제로는 「수긍하기」와 함께 사용되는 경우가 많다.

④ 침묵을 활용한다

치매인이 생각을 심화시킬 수 있도록 침묵을 효과적으로 활용하여 면접 과정을 의미 있는 것으로 만드는 기술이다. 침묵은 말할 필요도 없이 비언어적 의사소통의 중요한 형태 중 하나이며, 이 침묵에 중요한 메시지가 포함되는 경우가 많다. 면접에서도 원조자가 이 침묵을 어떻게 다루느냐가 매우 중요하다. 치매인이 말을 하지 않을 때는 천천히 기다리거나, 말문을 틀 수 있도록 도와주는 것도 중요하다.

⑤ 열린 질문을 한다

「네/아니오」로 대답할 수 없는 질문을 함으로써, 치매인 스스로 자신의 언어로 말할 수 있게 촉구하는 기술이다. 치매인이 자기 자신에 대해 자신의 언어로 말할 수 있는 기회를 제공하는 것이 열린 질문의 가장 큰 특징이다. 치매인이 자신의 언어로 말하는 것은 관계 형성에도 큰 효과가 있다.

⑥ 닫힌 질문을 한다

「네/아니오」로 대답할 수 있는 질문을 함으로써, 필요한 정보를 정확하게 수집하고, 치매인이 자신의 언어로 말하는 계기를 만들어 주는 기술이다. 이 질문 기술에는 2가지 목적이 있다. 하나는 면접에서 원조자가 원하는 정보를 다방면에 걸쳐서 매우 정확하게 수집하는 것이고, 다른 하나는 처음에는 「네/아니오」이더라도 이후에는 자신의 언어로 말하거나 깊은 통찰을 할 수 있는 계기를 만들어 주는 것이다.

⑦ 반복한다

치매인이 한 말의 일부를 그대로 인용하여 치매인에게 돌려주는 기술이다. 비교적 단순한 기술이지만 활용 범위가 넓고, 또 의도적으로 사용하면 면집 과성을 효과적으로 진행할 수 있다. 이 기술의 의의는 크게 2가지이다. 하나는 치매인의 말을 그대로 반복함으로써 원조자가 「당신의 말을 잘 듣고 있습니다」라는 메시지를 치매인에게 구체적으로 전달하는 것이다. 다른 하나는 중요한 사항에 대해 본인에게 확인을 받아가며 진행하여 그 지점에서 내용을 심화시킬 수 있다는 것이다.

⑧ 바꾸어 말한다(관심)

「바꾸어 말한다」의 용도는 다양하지만, 의사소통 기술에서는 치매인의 발언을 다른 표현으로 바꾸어 응답함으로써 관심을 가지고 듣고 있다는 것을 전달하여 발언을 촉진하는 기술이다. 따라서 원조자는 치매인의 발언 내용을 제대로 이해하고, 그 내용을 정확하게 바꾸어서 말해야 한다. 면접에서 자신의 말이 정확하게 이해되고 있다는 것을 치매인이 알게 되면 신뢰관계의 기본인 안심감을 느끼게 되고, 다시 다음 발언의 밑거름이 된다.

⑨ 바꾸어 말한다(전개)

치매인의 발언을 다른 표현으로 바꾸어 응답함으로써 적절한 방향성을 향해 이야기 전개를 촉진하는 기술이다. 그 전개의 방향성은 다양하지만 주로 내용의 정리, 개념화, 구체화, 초점화를 위한 「바꾸어 말한다」로 정리할 수 있다.

⑩ 바꾸어 말한다(깨달음)

치매인의 발언을 다른 표현으로 바꾸어 응답함으로써 치매인 자신의 깨달음과 통찰을 촉구하는 기술이다. 이 기술은 「내용의 반영」에 포함되는 것이지만 치매인의 「명확화」를 위한 주요 기술로 활용된다. 치매인 자신에게 생각할 기회를 주어서 깨달음을 촉진시키기 위한 원조자의 기술이다. 그 「깨달음」의 내용은 치매인과 관련하여 발생하고 있는 현상에 대한 깨달음과 치매인 자신의 마음이나 감정에 대한 깨달음으로 정리할 수 있다.

⑪ 요약한다

치매인의 발언 내용을 정확하게 요약하여 돌려주는 것으로, 면접을 원활하고 효과적으로 추진하는 기술이다. 이 기술의 기본적인 목적은 「요약」함으로써 「당신의 말을 잘 듣고 있습니다」라는 메시지를 전달하여 치매인을 안심시키고, 다음의 발언을 촉진하는 것이다. 치매인의 발언이 긴 경우, 「반복하기」로는 응답하기 어려우므로 발언 내용의 취지를 파악하여 치매인의 말에 장단을 맞추면서 「요약」을 해야 한다.

⑫ 모순을 지적한다

치매인의 발언 내용이나 언행의 모순을 지적함으로써 깊이 생각해보게 하는 기술이다. 여기서 말하는 모순(불일치)의 내용은 앞서 말한 내용(사실)과의 모순(불일치), 언행의 모순, 감정의 모순 등 3가지로 나눌 수 있다. 원조자의 이와 같은 지적을 통해 치매인 스스로 과제에 대해서 깊이 생각할 기회를 줄 수 있다. 상담면접의 기술로서는 중요하고 효과적이지만, 상황으로 보면 원조자와 치매인이 「대결」 구도가 되기 때문에 신중히 사용해야 한다.

⑬ 해석한다

치매인의 발언을 해석하거나 의미를 부여함으로써, 해결해야 하는 과제를 깊이 인식할 수 있게 하는 기술이다. 여기에서 「해석」의 내용은 대부분 과제의 발생 메커니즘에 관한 「해석」이다. 하지만 상담지원에서는 어디까지나 치매인 스스로 깨닫거나 발견할 수 있게 지원하는 기술로서 이용하는 것이 중요하다. 원조자의 해석이 올바른 것이었다 해도, 지적을 받은 치매인 자신이 그것에 의미를 부여하지 못하여 진정한 의미에서의 깨달음이 없다면 무의미하다.

⑭ 화제를 수정한다

다루는 화제를 적절히 수정하여 과제 해결의 차원으로 올리는 기법이다. 상담 지원은 어떤 목적을 가지고 대응하는 것이다. 따라서 원조자는 화제의 흐름을 따라가는 것은 물론, 적절하게 개입하여 다루어야 할 내용을 초점화 할 필요가 있다. 구체적으로는 화제 바꾸기, 원래 화제로 돌아가기, 화제 압축하기 등으로 정리할 수 있다.

2) 감정에 접근하는 기술

「감정에 접근하는 기술」은 치매인의 감정에 적절하게 접근하기 위한 면접 기술의 집합체이다. 보통 사람과 사람이 의사소통을 할 때는 단순한 정보의 교환이 아닌, 기쁨, 슬픔, 분노, 두려움 등의 감정을 주고받는다. 이렇듯 치매인과 소통할 때 감정을 원활하게 다루고 의미 있는 의사소통을 하기 위해 필요한 기술이다. 전문직으로서 상담지원에 종사하는 경우에는 원조관계 형성을 위해 감정에 접근하여 적절히 대응할 수 있는 기술이 매우 중요하다.

다음 〈표 3-3〉에 정리한 7가지 상담면접 기술에 대해 개략적으로 설명하고자 한다.

〈 표 3-3 〉 감정에 접근하는 기술

감정 표출을 촉구한다	치매인의 감정 표출을 적절하게 촉구하여 문제를 해결하려 노력하게 된다.
감정을 표정으로 돌려준다	치매인이 표출한 감정에 대해서 원조자가 「표정」을 통해 공감적으로 응답한다.
감정 표현을 반복한다	치매인의 감정 표현을 말로 받아 돌려줌으로써 공감적으로 응답한다.
감정 표현을 언어로 바꾼다	치매인이 표출한 감정 표현을 별도의 언어로 바꿔서 말로 돌려준다.
현재 감정을 언어로 돌려준다	치매인의 현재 감정을 말을 통해 공감적으로 돌려준다.
과거 감정을 언어로 돌려준다	치매인의 과거 감정에 초점을 맞추고, 말을 통해 공감적으로 돌려준다.
상반된ambivalent 감정을 다룬다	과제 해결을 위해 상반된 감정을 적절하게 다룬다.

(출처) 岩 間伸之:対人援助のための相談面接技術;逐語で学ぶ21の技法.中央法規出版, 東京(2008).

① 감정 표출을 촉구한다

치매인의 감정 표출을 적절하게 촉구하는 기술이다. 치매인이 본인의 감정을 자신의 언어로 말하고, 그것을 인정하고 자기 감정을 깨닫는 것은 문제를 해결하는 데 의미 있는 과정이다. 하지만 치매인에게 감정을 표현하는 것 자체가 목적이 아니라 원조를 목적으로 진행해야 한다. 따라서 표출된 감정을 적절하게 다룰 수 있어야 한다.

② 감정을 표정으로 돌려준다

치매인이 표출한 감성을 원조자가 표정을 통해 공감적으로 응답하는 기술이다. 표정은 비언어적 의사소통의 중요한 요소인데 그것을 전문 기술로 활용하는 것이다. 치매인이 여러 형태로 표출한 감정을 원조자가 정확히 포착하고, 그에 대해 표정으로 정확하게 응답하는 것이다. 치매인의 표정에 나타난 감정 표현을 표정으로 돌려주는 「모방」도 여기 포함된다.

③ 감정 표현을 반복한다

치매인의 감정 표현을 반복함으로써 공감적으로 응답하는 기술이다. 앞서 말한 「반복하다」의 「감정판」이라 할 수 있다. 치매인이 언어로 표출한 감정 표현을 그대로 치매인에게 돌려주는 공감 기술이다. 당연히 적절한 방식과 그 후의 전개에는 전문성이 필요하다.

④ 감정 표현을 언어로 바꾼다

치매인이 표출한 감정을 다른 단어로 바꿔서 표현해주는 기술이다. 치매인이 말로 표출한 감정 표현을 다른 말을 사용해서 본인에게 돌려주는 공감 기술이다. 치매인이 표출한 감정을 더 정확한 표현으로 응답함으로써 치매인이 자기 감정을 직시하도록 도울 수 있다.

⑤ 현재 감정을 언어로 돌려준다

치매인의 현재 감정을 말을 통해 공감적으로 돌려주는 기술이다. 여기서 치매인의 감정 표현이란 언어 이외의 감정 표출이다. 이것을 원조자가 포착하여 언어로 돌려주는 공감 기술이다. 그러기 위해서는 치매인의 감정을 정확히 파악하여 적절한 언어로 응답해주어야 한다.

⑥ 과거 감정을 언어로 돌려준다

치매인의 과거 감정을 말을 통해 공감적으로 돌려주는 기술이다. 면접을 할 때 과거의 일이 화제가 되는 경우가 있다. 그때에 치매인이 느꼈던 감정을 말로서 공감적으로 응답하는 기술이다. 대화하면서 과거 이야기를 듣고 그때의 감정에 초점을 맞추는 것이 특징이다. 이 기술을 어떤 상황에서 사용할 것인지를 확실하게 판단하는 것도 중요하다.

⑦ 상반된ambivalent 감정을 다룬다

과제를 해결하기 위해 치매인의 상반된 감정을 적절하게 다루는 기술이다. 상반된다는 것은 「좋다/싫다」, 「가고 싶다/가기 싫다」 등 반대되는 감정을 동시에 갖는 것이며, 인간이라면 누구에게나 있는 심리적 움직임이다. 지원이 필요한 치매인은 상반된 감정이 매우 강한 경우가 많다. 원조자는 필요한 상황인지 판단하여, 그 상반된 심리 상태, 특히 표출되지 않고 이면에 숨어 있는 감정에도 초점을 맞추어야 한다.

제4장

정보수집과 어세스먼트를 위한 도구tool의 활용

Dementia Care Textbook

Ⅰ. 어세스먼트를 위한 정보

Ⅱ. 어세스먼트 도구의 활용

DEMENTIA CARE
TEXTBOOK

치매케어를 실천할 때는 대상자를 전인적全人的으로 이해하는 것이 기본이다. 치매인의 심신·사회적 상태와 과거의 개인생활사, 환경 요인 등을 면밀히 파악하여, 대상자가 심신기능을 최대한 발휘하면서, 안심하고 생활할 수 있도록 케어해야 한다. 따라서 대상자의 심신 상태와 환경, 치매 증상과 생활과의 연관성을 가늠하고, 치매인의 자존심, 불안감 등을 민감하게 감지하여 치매인의 마음에 맞게 케어한다. 또한 치매인 가족과 케어 제공자가 육체적·정신적으로 안정적으로 케어할 수 있는 체제를 마련해야 한다.

치매케어는 대상자가 그 사람답고 풍요롭게 생활할 수 있도록, 상태가 어떠하든지 인간으로서 존엄을 유지하고, 그 사람의 주체성이 존중받는 케어를 실시하되, 의료·보건·복지의 종합적인 시점에서 전개해야 한다. 그런 의미에서 팀 케어는 필수적이다. 또한 케어를 위한 정보수집과 방침·케어플랜, 평가 프로세스를 공통으로 이해한 상태에서 대상자의 변화에 맞추어 질 높은 케어를 지속적으로 실시할 수 있어야 한다.

치매인을 케어할 때는 개개인의 심신 및 환경 요인 현황을 실생활에서 상세히 파악하고, 케어의 개별 과제를 **어세스먼트**assessment하여, 대상자에게 적절하고 실현 가능한 케어플랜을 세워서 실천한다. 또한 제공한 케어의 내용과 질에 대해서는 대상자의 반응이나 증상의 변화 등으로 적절성을 평가하여 케어플랜을 수정하고, 보다 적절한 케어를 지속적으로 전개해 나가야 한

> **어세스먼트**assessment
> 이용자의 요구와 그 원인을 종합적으로 파악하고, 그 요구를 해결하기 위해 어떻게 해야 할지를 명확히 하는 것이다. 특히 치매노인의 요구에 맞는 케어를 하기 위해서는 심신의 상태를 관찰하고 생활 정보를 다양한 시점에서 수집하여 그 사람다운 생활을 유지할 수 있도록 지원하는 것이 중요하다.

다. 케어를 실천할 때는 「어세스먼트 → 케어플랜 → 실천 → 평가」의 프로세스를 반복하면서, 대상자 상황에 입각하여 근거 있고 수준 높은 케어를 제공해야 한다.

I 어세스먼트를 위한 정보

치매인을 개별적으로 케어하기 위해서는 우선 대상자의 심신·사회적 상태와 환경 요인을 세심하게 관찰해야 한다. 다음의 정보를 바탕으로 케어할 때 풀어나가야할 문제나 치매인의 욕구needs를 파악한다.

1) 치매인의 심신 · 사회적 상태

> **활력징후**
> 사람이 살아있다는 것을 보여주는 증거(징후)로서 호흡, 체온, 맥박, 혈압 등의 측정치, 혹은 그 측정치를 표현한 그래프를 말한다. 생명징후라고도 한다.

질환, 치료 내용, 복약, **활력징후**Vital sign, 기억력, 지남력, 판단력, 치매로 인한 행동·심리증상BPSD, 일상생활에 지장을 주는 정도와 그 내용, 의사소통 능력, 대인관계, 일상생활동작ADL 상태, 생활방식, 생활리듬, **개인생활사**, 가족배경, 생활에 대한 치매인의 생각, 현재의 심정 등을 포함한다. 치매인의 현재 상태뿐 아니라 지금까지의 개인생활사에 대한 정보가 중요하기 때문에, 최대한 구체적으로 파악해서 현재 상태와 과거 생활 사이에 어떤 관련이 있는지 전체적으로 파악해야 한다.

> **개인생활사**
> 한 사람이 살아오는 과정에서 겪었던 일들, 즉 개인의 과거사 혹은 역사를 의미한다. 예를 들어 출생, 성장, 입학, 졸업, 취직, 결혼, 출산, 부모와의 사별 등 그 내용은 다양하며, 치매인을 이해하고 케어하는 데 매우 중요한 정보이다.

2) 케어자의 상태

케어자의 건강상태, 치매에 대한 이해, 치매인의 심리에 대한 이해, 치매인과의 인간관계, 케어에 대한 생각, 케어 실천 능력, 의욕, 케어 방법에 대한 이해, 케어가 가족 전체에 미치는 영향, 케어에 필요한 시간, 케어 이외의 일, 가족 구성, 가족·친족의 케어 분담, 이웃이나 자원봉사자와의 협력 체제 등이 포함된다.

치매케어에 영향을 주는 가족 케어 환경을 이해하고, 케어 능력과 치매인과 가족의 관계, 가정에서의 역할, 입장 등과의 상호 관계성을 함께 파악한다.

3) 환경에 관한 정보

주거환경에서 화장실이나 욕실 등의 설비나 양식, 안전을 배려한 공간인지, 일상생활의 자립을 촉진하는 환경인지, 몸과 마음에 활력을 주는 환경인지, 외부교류하기 쉽고, 케어하기 편한 환경인지, 필요한 모든 설비나 용구를 잘 활용·정비하고 있는지, 지역차원에서 치매인의 생활과 케어를 지원할 수 있는 환경인지 등을 살펴봐야 한다.

환경을 조정하면 치매인의 자립성이 높아지고, 안전하고 쾌적한 여건에서 살 수 있다는 것을 유념하고, 주거환경이나 지역환경이 치매인의 실생활에 어떤 영향을 미치는지 파악한다. 또한 익숙한 환경에서 다른 곳으로 옮기는 것이 치매인에게 어떤 변화를 미치는지 세세하게 확인해야 한다.

4) 케어 서비스 활용 상황

서비스의 종류와 적절성, 서비스가 치매인과 가족에게 미치는 영향, 서비스 만족도(본인과 가족), 경제적 부담, 서비스 선호도 등을 파악한다. 이는 종합적인 지원 체제를 정비하여 수준 높은 서비스를 제공함으로써 케어 서비스를 안정적으로 제공하기 위한 것이다.

이를 위해 치매인의 상황 변화를 포함하여 일상생활에서 구체적인 정보를 수집하여 케어 과제를 파악하고, 이것을 플랜으로 연결시켜야 한다. 다음은 치매인에 대한 정보를 수집할 때 중점을 두어야 할 사항들이다.

1. 관찰 포인트

1) 치매인의 행동·심리증상 BPSD

BPSD의 원인이 무엇인지 파악하기 위한 관찰이 기본이다. 행동·심리증상이 나타나는 것은 치매인의 질환, 영양 장애, 탈수, 신체적 고통(발열, 통증, 변비, 실금 등), 복용 약, 생활리듬, 기억 장애, 지남력 장애, 판단 장애, 불안, 불신, 자신감 상실, 환경 부적응 등 여러 가지 요인이 복합적으로 영향을 미친 결과이다. 따라서 어떤 요소가 어떤 증상을 일으키는지 그 인과관계를 밝힌다. 또한 치매인의 일상생활을 잘 관찰함으로써 현재 그가 어떤 변화를 겪고 있는지 알 수 있다.

2) 치매인을 있는 그대로 관찰하기

치매인의 일상생활을 있는 그대로 관찰해서 기록한다. 치매가 있다는 선입견을 버리고, 그 상태를 있는 그대로 받아들일 수 있는 관찰력이 필요하다. 또한 사실적이고 구체적인 정보를 통해 누구나 실제 상태를 파악할 수 있도록 표현하고 기술한다. 주관적인 표현이나 근거 없는 해석, 피상적인 정보, 잘못된 용어 등으로 치매인의 상태가 왜곡되지 않도록 실상을 구체적으로 표현해야 한다.

3) 치매인의 상태와 심신·사회, 환경을 연결 지어 관찰하기

치매인의 말, 표정, 행동, 생활 행태 등을 그 사람의 심신·사회적 측면, 환경, 대응 방식 등과 연관시켜 관찰하여 기록한다. 현재 일어나고 있는 일의 배경에 주목하여 다각적도로 관찰한다.

4) 치매인이 표현하지 못하는 부분까지 관찰하기

치매인은 자신의 의사를 잘 표현하지 못하기 때문에 세심하게 관찰하지 않으면 그 사람의 욕구를 알아차릴 수 없다. 케어하는 사람은 항상 치매인의 언동, 표정, 분위기, 심신의 변화 등에 관심을 가지고 일상생활을 꾸준히 관찰하여, 작은 변화에도 민감하게 반응하고, 치매인의 생각을 깊이 이해하려는 태도를 가져야 한다.

5) 치매인과 함께 행동하면서 관찰하기

치매인과 함께 행동하면 일상생활에서의 심신기능을 구체적으로 파악할 수 있고, 잔존능력이나 실제로 발휘할 수 있는 기능들을 분명하게 알 수 있다. 또한 치매인이 무리하지 않는 범위에서 적극적인 대응책을 마련할 수 있다. 치매의 상태는 날마다 다르고, 건강 상태나 대응 방식에 따라 쉽게 변하기 때문에 경과를 보면서 잘 관찰해야 한다.

6) 치매인의 심정을 헤아리며 관찰하기

치매노인을 관찰할 때는 그의 불안감이나 답답함을 민감하게 느끼고, 〈그 사람다운〉 삶을 소중히 여기는 마음가짐이 필요하다. 이런 마음으로 케어하면 치매인은 안심할 수 있고, 있는 그대로의 자신을 드러내게 된다. 또한 모든 감각을 동원해서 노인의 말이나 행동 등 잘 드러나지 않는 부분까지 관찰해야 한다.

7) 치매인의 사소한 변화까지 관찰하기

치매인의 심정이나 건강상태를 관찰할 때는 평소와 다른 사소한 변화도 놓치지 않아야 한다. 이것은 고통을 표현하지 못하는 치매인의 건강상태를 판단하거나 몸과 마음의 변화를 예측할 수 있는 중요한 자료가 된다. 치매인의 평소 모습을 모르면 사소한 변화는 알아차리기 어렵다. 또한 치매인의 건강 상태의 변화를 관찰하려면 치매 질환의 원인, 증상, 진행과정 등 기초지식이 있어야 한다.

8) 치매인의 증상과 행동을 연결 지어 관찰하기

치매인의 심신 상태를 관찰할 때는 그 증상이나 행동에 어떤 연관성이 있다는 것을 생각하면서 전후 변화를 살피면, 치매인의 필요나 현재 나타나는 증상의 의미나 인과관계를 알게 된다.

9) 치매인과 환경을 연결 지어 관찰하기

환경은 치매노인의 심신 상태에 큰 영향을 미치기 때문에 이 관계를 파악해야한다.

치매인은 대인관계의 스트레스로 환경이 불편하거나, 갑자기 변하면 불안해하는 반면, 안정적인 환경에서는 심신이 활성화되는 등 치매인의 심신과 환경은 밀접한 관계이다. 때문에 환경이 치매인에게 어떤 영향을 미치는지 관찰하고, 구체적으로 기록해야 한다.

2. 몸과 마음 관찰하기

1) 대화를 통해 관찰하기

치매인의 심신 상태를 관찰할 때 가장 자연스러운 상태를 파악하려면 일상생활을 하고 있는 모습을 관찰해야 한다. 일상생활의 차분한 대화나 의사소통을 통해서 표정, 자발적인 말과 그 내용, 의사표현 방법, 대화에 대한 의욕, 대화 자세, 언어의 이해, 본인의 흥미와 관심, 읽기와 쓰기, 그림 그리기, 몸짓이나 손짓, 시각, 청각, 이해력, 판단력, 사람에 대한 관심과 배려, 반응 정도, 반복적인 표현 등을 파악할 수 있다.

2) 일상적인 생활방식 관찰하기

치매인의 건강에 큰 영향을 미치는 요인 중 하나가 바로 생활방식이다. 하루하루를 의미 있게 보내고, 규칙적으로 생활하면 치매인은 몸과 마음에 활력을 얻고 기능을 원활하게 유지할 수 있다. 반면 활동량이 너무 적으면 심신 기능이 위축된다. 따라서 치매인이 어떻게 하루를 보내는지를 있는 그대로 자세하게 기술해야 한다. 이런 정보를 통해 치매인의 생활리듬과 활동량을 알 수 있다. 생활방식이 파악되면 본인에게 맞는 생활리듬을 되찾을 수 있고, 얼마나 활동해야 하는지 판단할 수 있다. 또한 하루의 활동량을 조절하면 치매인이 무리하지 않으면서 충실한 하루를 보낼 수 있고, 삶의 질도 높일 수 있다.

3) ADL 관찰하기

치매인을 케어하려면 그 사람의 몸과 마음이 어떤 상태인지 파악하고 있어야 한다. 하지만 치매인이 일상생활에서 할 수 있는 것과, 할 수 없는 것, 잠재된 능력과 상실된 능력 등을 제대로 파악하기 어려워서 일상생활동작 능력을 정확하게 측정할 수가 없다. 따라서 치매인과 함께 행동하면서 여러 가지 대응 방법이나 당시의 심신 상태에 대해 꼼꼼하게 확인해야 한다. 일상생활에서 다음과 같은 내용을 관찰하고 종합하여 치매인의 능력을 사정하게 된다.

(1) 이동

평소 일상생활에서 치매인의 이동 능력을 관찰한다. 굳어지거나 변형된 관절, 통증 여부, 관절 상태를 확인하여 굳어짐·변형·통증 정도를 기록한다. 또한 누운 상태, 일어나기, 앉기, 앉은 자세 유지하기, 일어서기, 옮겨 앉기, 보행 상태와 거리, 계단 오르내리기, 턱 넘기, 슬로프 보행, 보행기, 지팡이, 휠체어 등의 사용방법, 안전에 대한 배려 등을 실제 이동 상황에서 관찰한다.

또한 침대 난간, 안전 손잡이 등의 사용법, 신발이나 의복의 상태 등을 관찰하여 이동 능력을 점검한다. 또한 긴급한 상황에 대처하는 방법도 알아두어야 한다. 치매인의 이동 능력을 관찰할 때는 배설, 청결 등 각각의 ADL과 연관시켜서 파악해야 한다.

(2) 식사

식사에 관심이 있는지, 이식이나 과식하지 않는지, 식욕이 있는지, 식사할 때 손을 어떻게 사용하고 식기는 어떻게 다루는지, 식사할 때 집중하는지 등을 살펴본다. 또한 물을 적당히 섭취하는지, 영양의 균형이 맞는지, 씹고 삼킬 때 어려움은 없는지, 안전에 대한 배려가 되어 있는지, 식사에 만족하는지, 즐겁게 식사할 수 있는지 등을 관찰한다. 적절한 식사는 건강 상태를 알 수 있는 지표이며, 혼자서 식사를 할 수 있고 즐거움을 느끼는 것은 삶의 질을 높이는 데 큰 도움이 된다.

(3) 청결

깨끗한 상태를 원하고 그 방법을 알고 있는지, 세수·손 씻기·이 닦기·목욕·머리감기 등을 혼자서 할 수 있는지, 필요성을 느낄 때 적절하게 올바른 방법으로 씻는 행동을 할 수 있는지, 얼마나 깨끗하게 씻을 수 있는지, 깨끗해졌다는 것을 인식하는지, 차림새에 대한 관심, 차림새를 정돈하는 행동, 자신다운 차림새에 대한 인식, 의복의 청결·불결에 대한 인식 등을 관찰한다.

몸이나 환경을 깨끗하게 유지하면 여러 가지 감염을 예방하며, 청결한 상태는 기분을 상쾌하게 하고, 삶에 의욕을 주며, 자신에게 맞는 옷차림을 하게 된다.

목욕을 즐거워하는 사람도 있지만 청결과 관련된 모든 것에 의욕이 사라져서 목욕을 거부하는 경우도 있다.

(4) 배설

배설 장애를 유발하는 질환이나 먹는 약이 있는지, 배설에 대한 인식과 요의尿意가 있는지, 배뇨 횟수와 간격, 배뇨량(1회, 1일), 배뇨 후의 상태(잔뇨감, 통증) 등을 파악한다. 또한 화장실과 배설 장소를 인식하는지, 화장실까지 이동할 수 있는지, 배설하는 절차(옷 입고 벗기, 배설 자세 유지, 배설 후 뒤처리, 손 씻기 등)를 인식하는지, 변의를 느끼는지, 혼자서 배변할 수 있는지 등을 관찰한다. 또한 배설물을 더럽다고 생각하는지, 불결 행동을 하는지 주의해서 살피고, 잔뇨감이나 실금, 변비 등 배설할 때 불편해 하거나 아파하는지 관찰한다. 치매인은 배설에 문제가 생기는 경우가 많고, 실금이나 변비가 있으면 정신적으로 쉽게 불안정해지고, 배설 실패로 인해 자신감을 잃게 되어 삶의 의욕까지 쉽게 저하될 위험이 있다.

(5) 수면

잠드는 시간, 중간에 깨는 횟수와 원인, 깨는 시간과 다시 잠들기까지 걸리는 시간 등을 파악한다. 밤에 감정이 불안정해지는지, 아침에 깨어났을 때 어떤 상태인지, 스스로 일어날 수 있는지 등을 관찰한다. 야간 수면 시간, 수면의 만족감, 낮의 활동 상태, 낮잠의 상태, 수면유도제 복용 여부 및 의존도 등도 파악한다. 치매인은 수면주기가 일정하지 않아서 수면 장애가 나타나기 쉽고, 밤낮이 뒤바뀌기도 한다.

(6) 일상적인 활동

하루를 어떻게 보내는지 수시로 살펴본다. 식사, 배설, 청결 등 매일 반복하는 일과, 그 이외의 시간을 어떻게 보내는지 자세히 관찰한다. 활동 내용과 자발성, 언어, 표정 등의 반응과 만족감, 정신적 안정감, 대인관계, 행동 범위, 본인이 바라는 생활방식이 무엇인지 등을 파악한다.

평소에 어떻게 생활하느냐에 따라 심신 활동, 생활리듬, 삶의 질이 달라진다. 이러한 개별 상태를 관찰해야, 개개인을 정확하게 어세스먼트 할 수 있다.

3. 어세스먼트에 대한 관점

치매인을 케어하기 위한 어세스먼트는 다음과 같은 관점에서 실시한다.
- 치매인의 신체 상태 안정에 대한 과제

- 심리적·정신적인 안정에 대한 과제
- 의사소통에 대한 과제
- 일상생활 자립에 대한 과제
- 일상생활 활성화에 대한 과제
- 안전에 대한 과제
- 윤리적 배려에 대한 과제
- 주체적 생활지원에 대한 과제
- 삶의 질 향상에 대한 과제
- 가족 케어 안정에 대한 과제

정확한 어세스먼트는 개별적인 지원 방침이나 케어플랜을 세울 때 가장 기본이 되는 자료이다. 때문에 실제 생활에서 치매인의 심신 기능에 대한 구체적인 정보와 치매인의 욕구가 반영된 어세스먼트가 필요하다. 어세스먼트가 잘 되어야 케어플랜의 근거가 명확해지며, 케어플랜에 치매인의 개별성을 반영할 수 있다. 실생활에서 구체적·지속적으로 정보를 수집해야 현재 상태에 맞는 어세스먼트가 된다.

II 어세스먼트 도구의 활용

1. 어세스먼트 도구 assessment tool 의 종류와 특징

치매 어세스먼트 척도 assessment scale 를 정확하게 활용하면 치매인의 기본적인 상태를 파악할 수 있고, 케어 효과를 판정할 때도 중요한 자료가 될 수 있다. 여기서는 치매의 기본적인 어세스먼트를 위해 자주 사용되는 사정査定 도구들을 소개하고자 한다.

척도는 케어자는 물론, 그 이외의 사람도 간단하게 사용할 수 있고, 짧은 시간 안에 측정할 수 있는 것이 좋다. 하지만 척도마다 목적이 다르기 때문에 사정하는 영역도 다르다. 때문에 한 가지 척도만으로는 치매인의 전반적인 상태를 파악하기가 어렵다. 개개인을 사정할 때는 목적에 맞는 척도를 선택하고, 이것을 잘 조합하는 것이 중요하다. 하지만 재택케어나 시설케어나 대부분 한가지 척도만 가지고 치매인의 상태를 진단하는 경우가 많다.

예를 들어 〈하세가와 치매 척도 HDS-R〉 등이 일반적으로 많이 사용되는데, 이것을 사용할 때 치매의 어떤 증상을 보고 판단했는지 살펴보지 않고, 측정한 점수만으로 〈경도〉,

혹은 〈고도〉라고 판단해버리는 경우가 허다하다. 게다가 이러한 어세스먼트 척도를 치매인의 일상생활 자립도를 판정하는 기준으로 잘못 알고 있는 케어자도 많다. 치매 사정 도구의 각 특징을 알고 치매인에게 맞는 사정 방식을 선택하는 것이 올바른 어세스먼트의 시작이며, 이를 토대로 종합적인 케어를 전개해 나갈 수 있다.

치매의 사정 영역은 크게 3가지로 나눌 수 있다.

첫째, 지적 기능에 대한 것으로, 일반적으로 치매의 핵심증상이다.

둘째, ADL과 IADL에 관한 것으로, 치매 증상이 일상생활에 어떤 영향을 미치는지 파악하는 것이다.

셋째, 치매로 인한 정신증상과 행동 장애이다. 이에 대해 국제적으로는 행동·심리증상BPSD라는 용어를 쓰고 있다.[1] 적어도 이 세 가지 영역을 평가하고 나서야 비로소 치매를 사정했다고 말할 수 있다.

수많은 치매 사정 방법들 중 일부를 〈표 4-1〉에 정리하였다. 그 다음에는 각 영역에 어떤 특징이 있는지, 무엇을 관찰해야 하는지 등을 구체적으로 설명하고자 한다.

2. 인지기능 장애

먼저 치매의 핵심증상인 기억 장애를 사정하는 방법에는 〈질문식〉과 〈관찰식〉 2가지가 있다(표 4-2).

〈질문식〉은 주어진 형식에 따라 대상자에게 질문을 하여, 답한 내용을 점수화 하여 득점에 따라 판단하는 방법이다. 〈표 4-1〉에 소개한 것처럼 대상자의 기억, 지남력 장애의 정도를 직접 평가한다. 그 때문에 〈표 4-2〉에 나타난 것처럼 대상자의 협력이 중요하다. 단, 시각·청각 장애나 실어失語가 두드러지는 사람은 기존 장애 때문에 점수가 낮게 나올 수 있기 때문에 이 방법은 적합하지 않다.

한편 〈관찰식〉은 대상자의 행동을 관찰하여 판단하는 방법이다. 때문에 대상자가 비협조적이라 해도, 일상생활의 행동을 보고 평가할 수 있다.

아래에 두 가지 대표적인 척도를 소개한다.

〈 표 4-1 〉 각종 어세스먼트 척도

척도 명	종류	항목	특징
지적 기능 검사 (질문식)	1. (개정)하세가와 치매척도(HDS-R)	연령, 날짜 지남력, 장소 지남력, 3개 단어 기명력, 계산, 숫자 세기, 3개 단어 지연재생, 5개 물건 기명력, 채소 이름대기(언어 유창성)	치매 스크리닝 테스트 HDS 개정판 생년월일 파악이 가능하면 대상자에게 질문할 수 있음. HDS보다 변별력 높음.
	2. 하세가와 치매척도(HDS)	기명력, 지남력, 계산 문제, 일반상식 문제 등 11항목	대상자의 지적기능 장애 유무와 대략적인 장애 정도의 판정.
	3. 국립정연식 치매검사	생년월일, 날짜 지남력, 일반상식 문제 등 16항목	건강한 고령자 중 치매가 의심되는 노인을 정확하게 검사하여, 치매를 조기에 발견. 가족들에게 생년월일, 과거 병력, 건강 상태에 대해 들어야함.
	4. N식 정신 기능검사(Nishimura Dementia Scale)	기억, 지남력, 개념 구성, 도형 모사, 공간 인지, 운동 구성 기능 등 12항목	광범위하게 지적기능을 측정. 노인용 정신기능 검사. 치매 정도를 5단계로 평가
	5. 간이정신상태검사 (MMSE: Mini-Mental State Examination)	기억, 지남력, 계산, 3개 단어 지연재생, 명령 지시, 도형 모사, 개념 구성 등 11항목	입원 환자용 인지기능 장애 측정을 목적으로 하며, 짧고, 단순화된 척도임. 30점-정상, 20점 이하-치매, 섬망, 통합실조증, 감정 장애 의심.
	6. 인지기능검사 (MSQ: Mental Status Questionnaire)	지남력, 계산, 일반적 기억 등 10항목	치매의 중증도를 평가
	7. 알츠하이머병 평가척도 (ADAS: Alzheimer's Disease Assessment Scale)	인지행동 11항목, 비인지 행동 10항목	알츠하이머형 치매를 대상으로, 주로 인지기능을 검사함. 시간 경과에 따른 인지기능 변화를 평가

행동 관찰 척도 (관찰식)	1. 가라사와(柄澤)식 「노인 지능 임상 판정기준」	ADL, 일상회화, 의사소통이 어느 정도 가능한지를 정상 2단계, 이상 쇠퇴 4단계로 판정	일상생활의 언어구사, 작업능력 등을 통해 지능 수준의 대략적인 단계를 평가함. 관찰에 의한 판정 가능. 판정자는 면접·문진에 능한자여야 함.
	2. 임상치매평가 척도(CDR: Clinical Dementia Rating)	기억, 지남력, 판단력과 문제해결, 사회 적응력, 가족 상황 및 취미, 케어 상황 등 6항목을 5단계로 평가	대상자의 협력하지 않아도 임상 증상을 전반적으로 평가하여 중증도를 판정. 대상자의 정보를 가족에게 미리 조사해둠.
	3. 치매기능 사정 평가(FAST : Functional Assessment Staging)	임상적 특징이 Stage 1~7까지로 구분된다. Stage 6,7에는 5단계가 있고, 또한 6단계의 Substage가 있어 증상의 진행에 따른 구체적인 예를 제시	ADL을 종합적으로 평가하여 알츠하이머형 치매에 대한 중증도를 판정한다. 가족·본인에게 확인하여 정보를 얻음.
	4. 길랑-바레증후군 척도(Guillain-Barre Syndrome scale)	운동기능 6항목, 지적기능 11항목, 감정기능 3항목, 정신증상 6항목을 7단계로 평가	치매의 중증도와 함께 질적 차이도 평가할 수 있지만, 치매 진단 도구는 아님. 시행이 간단하고 쉬움.
	5. N식 노인용 정신상태 척도 (NM Scale)	가사 및 몸단장, 관심·의욕·교류, 대화, 기명·기억, 지남력 등 5항목을 7단계로 평가	노인, 치매인의 일상생활에서 실제적인 정신기능을 다양한 각도에서 관찰하여 평가. 치매 상태에 대한 사정 및 그 과정을 이해한다. 치매 유무를 검사할 때도 이용 가능함.
ADL 평가 척도	1. N식 노인용 일상생활동작 평가 척도(N-ADL)	보행, 일어나 앉기, 생활범위, 옷 입고 벗기, 목욕, 식사, 배설 등 5항목을 7단계로 중증도를 분류하고 평가	노인, 치매노인의 ADL을 종합적으로 파악하는 행동평가 척도, 케어의 난이도는 판정하기 어려움. NM스케일과 함께 사용함.
	2. 수단적 일상생활동작 평가척도 (IADL)	전화 사용법, 쇼핑, 식사준비, 가사, 세탁, 이동·외출, 복약관리, 금전관리 등 8항목 * 남성의 경우 식사준비, 가사, 세탁은 평가하지 않음.	신체적 자기관리 척도보다 고차적인 일상생활에 대한 활동성을 시설 내의 처우, 케이스워크 직원 교육을 위해 평가함.
	3. 신체적 자기관리 척도(PSMS: Physical Self-Maintenance Scale)	배설, 식사, 옷 입고 벗기, 몸단장, 이동능력, 목욕 등 6항목을 5단계로 평가	특징은 IADL와 동일함. 고전적이지만 일상생활의 신체기능을 평가하는데 유용함.

(출처) 大塚俊男, 本間 昭監:高齢者のための知的機能検査の手引き. ワールドプランニング, 東京(1991)をもとに一部改変.

〈 표 4-2 〉 질문식·관찰식 어세스먼트 척도의 특징

질문식(HDS-R 등)	관찰식(NM 스케일 등)
• 생년월일을 알면 시행할 수 있다. • 시간은 5분 정도 소요된다. • 혼자 사는 사람에게는 유용하다. • 대상자가 거부하면 시행할 수 없다. • 시청각 장애가 심한 대상자는 시행할 수 없다. • 운동기능 장애가 있어도 실시할 수 있다. • 실어가 심한 대상자에게는 부적합하다.	• 대상자의 협력이 없어도 시행할 수 있다. • 평가자가 대상자의 일상생활 모습을 잘 알고 있으면 2~3분 만에 체크할 수 있다. • 날짜나 계산 등을 질문할 필요가 없다. • 시청각 장애가 심한 사람도 일상생활 모습을 통해 판단할 수 있다. • 혼자 사는 사람에게는 사용할 수 없다. • 운동기능 장애가 있는 경우에는 운동기능에 문제가 있는 것인지, 치매 증상인지 판별하기 어렵다. • 실어가 있는 대상자에게도 어느 정도 사용할 수 있다.

(출처) 本間 昭:痴呆診療マニュ…アル. 58, 日本医事新報社, 東京(2000).

1) 질문식 인지기능 측정 도구

(1) (개정)하세가와 치매척도 HDS-R (표 4-3)

일본에서 가장 많이 사용하는 질문식 측정 도구이다. 대상자의 생년월일만 알면 시행할 수 있다. HDS-R은 시간 및 장소 지남력, 기억, 계산, 언어 유창성 등 9항목으로 구성되어 있고, 총 득점은 30점이며, 20점 이하는 치매가 의심되는 상태이다. 시행 시간은 약 5분이다.

(2) 간이정신상태검사 MMSE (표 4-4)

국제적으로 가장 널리 사용되는 질문식 측정 도구이다. 질문은 기억이나 지남력, 계산, 인지, 도형 모사 등 11항목으로 구성되어 있다. HDS-R보다 약간 복잡한 질문이 포함되어 있고, 총 득점은 30점, 23~24점이 치매가 의심되는 경계 지점이다.

이러한 척도는 어디까지나 간단한 지적기능 장애를 평가하는 도구이며, 이 결과만으로 대상자의 인지기능 전반을 평가할 수는 없으며, 이 도구만으로 치매를 진단할 수 있는 것도 아니다.

〈 표 4-3 〉 (개정)하세가와 치매척도(HDS-R)

(검사일: 년 월 일)	(검사자:)		
이름:	생년월일: 년 월 일	연령:	세
성별: 남/녀	교육 정도(연수로 기입): 년	검사 장소:	
DIAG :	(비고)		

1	연세가 어떻게 되십니까? (2년까지의 오차는 정답)		0 1
2	오늘은 몇 년 몇 월 며칠입니까? 무슨 요일입니까? (연월일, 요일이 정답이면 각각 1점씩)	년 월 일 요일	0 1 0 1 0 1 0 1
3	지금 우리가 있는 곳은 어디입니까? (자발적으로 답하면 2점, 먼저 질문하고 5초 뒤에 '집입니까? 병원입니까? 시설입니까?'의 질문 중에서 올바른 선택을 하면 1점)		0 1 2
4	지금부터 말하는 3개의 단어를 말해 보세요. 나중에 또 묻습니다. 잘 기억해 주세요. (아래의 계열 중 하나를 골라, 선택한 계열에 표시한다) 1: A) 벚꽃 B) 고양이 C) 전철 2: A) 매화 B) 개 C) 자동차		0 1 0 1 0 1
5	숫자 100에서 7을 빼 주세요. (100-7은? 그리고 또 7을 빼면? 이라고 질문한다. 첫번째 답이 틀린 경우, 중지한다)		0 1 0 1
6	제가 지금부터 말하는 숫자를 거꾸로 말해 보세요. 6-8-2 3-5-2-9		0 1 0 1
7	방금 전 기억해 둔 말을 한번 더 말해 보세요. (자발적으로 답하면 2점. 답이 없는 경우, 아래의 힌트를 주어 정답이면 1점) A) 식물 B) 동물 C) 타는 것		a: 0 1 2 b: 0 1 2 c: 0 1 2
8	지금부터 물건 다섯 개를 보여 드리겠습니다. 이것들을 숨길 테니 무엇이었는지 말해 주세요. (시계, 열쇠, 담배, 펜, 동전 등 반드시 서로 무관한 것)		0 1 2 3 4 5
9	생각나는 채소 이름을 모두 다 말해 주세요. (대답한 채소의 이름을 아래 칸에 적는다. 말하다가 멈췄다면 약10초 동안 기다려보고, 더이상 답을 하지 않는 경우에는 거기서 중단한다) 0~5개=0점, 6개=1점 7개=2점, 8개=3점, 9개=4점, 10개=5점		0 1 2 3 4 5
합계득점			

(출처) 大塚俊男, 本間 昭監:高齢者のための知的機能検査の手引き. ワールドプランニング, 東京(1991).

〈 표 4-4 〉 간이정신상태검사(MMSE)

척도명	질문 내용	회답	득점
1(5점)	올해는 몇 년입니까? 지금은 무슨 계절입니까? 오늘은 무슨 요일입니까? 오늘은 몇 월 며칠입니까?	년 요일 월 일	
2(5점)	여기는 무슨 시(市)입니까? 여기는 무슨 구(區)에 속합니까? 여기는 무슨 병원입니까? 여기는 몇 층입니까? 여기는 무슨 지방입니까? (예: 남부지방)		
3(3점)	물건 이름 3개 (서로 관계가 없는 것) 검사자는 물건의 이름을 1초마다 1개씩 말한 후, 피검사자에게 말해보게 한다. 정답 1개에 1점 주고, 3개 모두 말할 때까지 반복한다(6회까지). 반복한 횟수 ( )회		
4(5점)	숫자 100에서 차례로 7을 뺀다(5회까지). 또는 〈백문이 불여일견〉을 반복 시킨다.		
5(3점)	3번에서 말해준 물건 이름을 다시 말해보게 한다.		
6(2점)	(시계를 보면서) 이것은 무엇입니까? (연필을 보면서) 이것은 무엇입니까?		
7(1점)	다음의 문장을 반복한다. 「모두, 힘을 합해 밧줄을 당깁니다」		
8(3점)	(3단계 명령) 「오른손에 이 종이를 쥐세요」 「그것을 반으로 접어 주세요」 「책상 위에 두세요」		
9(1점)	(다음의 문장을 읽고, 그 지시에 따라 해주세요) 「눈을 감으세요」		
10(1점)	(아무 문장이나 써 주세요)		
11(1점)	(다음의 도형을 그려 주세요)		
		득점 합계	

(출처) Folstein MF, Folstein SE, McHugh PR: "Mini□Mental State"; A practical method for grading the cognitive state for the clinician. Journal of Psychiatric Research, 12:189-198(1975).

2) 관찰식 인지기능 측정 도구

(1) 가라사와식 「노인 지능 임상 판정기준」(표 4-5)

일본에서 개발된 관찰식 도구인 가라사와식 「노인 지능 임상 판단기준」을 들 수 있다. 이 방법은 가족이나 케어자가 관찰한 평소 말과 행동을 기준으로 노인의 대략적인 지적기능을 판단한다. ADL, 일상적인 대화, 의사소통, 그리고 구체적인 예시를 지표로 하여 6단계로 평가하는 측정 방식이다.

(2) 임상치매평가척도CDR (표 4-6)

세계적으로 가장 많이 사용되고 있는 관찰식 측정 도구로, 치매의 중증도를 임상적으로 쉽게 판정할 수 있는 평가법 중 하나이다. 가라사와식 판정기준처럼 대상자의 일상생활을 잘 파악하고 있는 가족이나 케어자가 제공하는 정보가 반드시 필요하다. 이런 정보를 바탕으로 기억, 지남력, 문제 해결과 판단력, 사회 적응력, 가정생활과 취미·관심, 개별 케어 등 각 항목에 따라 장애 정도를 판정하여 정상을 기준으로 고도치매까지 5단계로 평가한다.

(3) 치매기능 사정평가FAST (표 4-7)

CDR과 동일하게 치매 정도를 판단하기 위해 국제적으로 사용되고 있는 관찰식 중증도 평가표이다. 인지기능 장애가 없는 Stage 1에서부터 고도 알츠하이머형 치매를 나타내는 Stage 7까지 7단계로 구분되어 있고, 각각의 단계에 해당하는 구체적인 예가 제시되어 있다.

〈 표 4-5 〉 가라사와식 「노인 지능 임상 판정기준」

대상자명		남·녀	년 월 일생	나이
정보 제공자			대상자와의 관계	
판정자			판정 연월일	
비고				

◆ 판정 결과(해당하는 곳에 ○표)
  - ± 1 + 2 + 3 + 4
  판정 기준(원칙적으로 정도는 무거운 측을 중시한다)

	판정	일상생활능력	일상적인 대화·의사소통	구체적인 예시
정상	(−)	사회적, 가정적으로 자립	보통	활발한 지적 활동 지속(우수 노인)
	(+,−)	위와 같음	위와 같음	평소의 사회생활과 가정 내 활동 가능
이상쇠퇴	경도 (+)	• 평소 가정 내에서 행동은 거의 자립 • 일상생활에서 조언 및 시중은 필요 없거나, 필요하다 해도 경도	• 거의 보통	• 사회적인 사건에 대한 흥미나 관심이 부족하다. • 화제가 부족하고, 한정적이다. • 같은 내용을 반복해서 이야기하거나, 묻는다. • 지금까지 문제없이 할 수 있었던 작업(사무, 가사, 쇼핑 등)에서 실수 또는 능력 저하가 눈에 띈다.
	중등도 (+2)	• 지능이 저하되어 혼자서 생활하는 것은 좀 불안하다. • 조언이나 시중 필요	• 간단하고 일상적인 대화는 간신히 가능 • 의사소통은 가능하지만 불충분하여 시간이 오래 걸린다.	• 낯선 장소에서 목적지를 잘못 찾거나 길을 잃는다. • 같은 것을 몇 번이나 사온다. • 재정을 관리하거나 약을 바르게 먹을 수 있도록 타인의 도움이 필요하다.
	고도 (+3)	• 혼자서는 일상생활이 불가능 • 일상생활의 많은 부분에 조언이나 도움이 필요하고, 실수가 잦아 눈을 뗄 수 없다.	• 간단한 대화조차 어렵다. • 의사소통이 부족하여 곤란하다.	• 익숙한 곳에서도 목적지를 잘 모르거나 길을 잃는다. • 방금 식사한 것, 말한 것조차 기억하지 못한다.
	최고도 (+4)	위와 같음	위와 같음	• 자신의 이름이나 출생지조차 기억하지 못한다. • 친밀한 가족과 타인을 잘 구별하지 못한다.

(출처) 柄澤昭秀:行動評価による老人知能の臨床的判定基準. 老年期痴呆, 3:81-85 (1989).

〈 표 4-6 〉 임상치매평가척도(CDR)

A~F까지 항목 마다 5 단계로 평가하고, 해당하는 란에 ○표한다

실시일   20   년   월   일

척도 명	정상 (CDR 0)	치매 의심 (CDR 0.5)	경도 치매 (CDR 1)	중등도 치매 (CDR 2)	고도 치매 (CDR 3)
A. 기억	기억장애 없음. 때때로 약간의 건망증이 나타남.	지속적으로 가벼운 건망증이 있거나, 사건을 불완전하게 기억. (양성) 건망증.	중등도 기억장애. 특히 최근 있었던 일에 대한 기억장애가 심하며, 일상생활에 지장 있음.	심한 기억장애. 깊이 새겨진 학습한 기억은 보존 및 유지됨. 새로운 문제로 잊음.	심한 기억장애. 단편적 기억만 남아있음.
	0	0.5	1	2	3
B. 지남력	지남력장애 없음.	시간에 대한 약간의 장애 외에는 지남력장애 없음.	시간의 연속성에 대한 개념에 중등도 장애. 검사 결과에서는 사람과 장소에 대한 지남력은 있지만, 실생활에서는 방향 감각이 떨어질 수 있음.	시간의 연속성에 대한 개념에 심한 장애 있음. 일상 시간에 대한 지남력 상실, 장소 지남력 또한 자주 손상.	인물 지남력만 유지
	0	0.5	1	2	3
C. 문제 해결과 판단	일상생활의 문제들을 해결하는데 지장 없음. 과거의 행동에 대한 판단 적절	문제 해결 및 공통점과 차이점을 이해하는데 약간 장애.	문제 해결력 및 공통점과 차이점을 이해하는데 중등도 장애. 사회적 판단은 대부분 유지되고 있음.	문제 해결력 및 공통점과 차이점을 이해하는데 심한 장애. 사회적 판단 대부분에 장애가 있음.	문제 해결 불가능. 판단 해결 불가능.
	0	0.5	1	2	3

		0	0.5	1	2	3	점
D. 사회적응		일, 물건 사기, 장사, 금전관리, 자원봉사, 사회적 그룹 등에서 평소 독립적으로 수행할 수 있음.	사회활동에 약간 장애가 있음.	몇 가지 사회활동에 참여할 수 있지만, 독립적 수행이 불가능. 겉으로는 정상으로 보임.	집 밖에서는 독립적인 활동을 할 수 없음. 언뜻 보면 집 밖에서 활동을 할 수 있을 것처럼 보임.	집 밖에서는 독립적인 활동을 할 수 없음. 집 밖에서 독립적인 활동을 할 수 없을 것으로 보임.	
		0	0.5	1	2	3	
E. 가정생활과 취미·관심		가정생활, 취미나 지적 관심이 충분히 유지되고 있음.	가정생활이나 취미, 지적인 부분에 약간 장애가 있음.	약간이지만 가정 생활에 분명한 장애가 있고, 어려운 가사활동은 할 수 없음. 복잡한 취미나 이것에 대한 흥미를 잃음.	단순한 집안일은 할 수 있음. 매우 한정된 일에 관심이 조금 있음.	가정에서 이미 의미 있는 활동을 할 수 없음.	
		0	0.5	1	2	3	
F. 개별케어		자기 건강 관리는 완전하게 할 수 있음.		때때로 격려가 필요.	옷 입기, 위생 관리 및 몸단장에 도움이 필요.	위생과 몸단장에 많은 도움이 필요하며, 때때로 대소변 실금.	
중증도		0	0.5	1	2	3	득점 합계

(출처) 音山若穗, 新名理恵, 本間 昭, ほか：Clinical Dementia Rating (CDR) 日本語版の評価者間信頼性の検討. 老年精神医学雑誌, 11 (5)：521-527(2000).

〈 표 4-7 〉 치매기능 사정평가(FAST)

FAST Stage	임상 진단	FAST에 있어서의 특징	임상적 특징
1. 인지 기능 장애 없음	정상	주관적으로도 객관적인 기능 저하는 확인되지 않는다.	5~10년 전과 비교해보다 직업 또는 사회생활에서 주관적 혹은 객관적인 변화가 전혀 확인되지 않으며, 사회활동에 어려움을 겪지 않는다.
2. 매우 경미한 인지 기능 저하	나이에 따른 변화	물건을 잃어버렸다고 호소하고, 이도한 말을 적절히 사용할 수 없는 상태이다(훤어곤란).	이름이나 물건을 둔 장소, 약속을 잊어버리기도 하지만, 이것은 나이가 들면서 일어나는 자연스러운 변화이며, 친한 친구나 동료도 평소에는 이를 눈치채지 못한다. 동시에 여러 가지 일을 하거나 복잡한 사회생활에 적응해 나가는 데 지장은 없다. 대부분 정상적인 노화 이외의 현상은 나타나지 않는다.
3. 경도의 인지 기능 저하	경계 상태	숙련된 기술이 필요한 일을 할 경우 동료들은 그 사람의 기능 저하를 알아차리게 될 낯선 장소로 여행하는 것은 곤란하다.	중요한 약속을 잊어버리기도 한다. 낯선 지역으로 여행을 할 경우, 기능 저하가 명확해진다. 물건 구입이나 가게 관리, 또는 익숙한 지역을 여행하는 등 임상적인 일을 하는 데는 지장이 없다. 숙련된 기술이 필요한 직업이나 사회활동에서 퇴직해 버리는 경우도 있지만, 그 후의 임상생활에서의 장해는 두드러지지 않고, 임상적으로는 경미한 수준이다.
4. 중등도의 인지 기능 저하	경도 알츠하이머형 치매	저녁 식사에 손님을 초대하거나 기계를 관리하거나 물건을 사는 정도의 일에도 문제가 생긴다.	필요한 물건을 살 때, 적당한 양을 구입하지 못한다. 누군가가 도와주지 않으면, 제대로 계산을 할 수 없고, 값을 지불할 수도 없다. 스스로 옷을 골라서 입기나 목욕하지 않지만, 임상생활에는 도움이 필요하지 않으며, 사회생활에는 어려움이 따른다. 아파트에서 혼자 생활하고 있는 노인일 경우, 집세 때문에 주인과 문제가 생기기도 한다.
5. 약간 중증 인지 기능 저하	중등도 알츠하이머형 치매	도움이 없이는 적절한 옷을 선택해 입지 못한다. 목욕시킬 때도 어떻게든 달래서 목욕하도록 설득할 필요가 있다.	집에서도 독립적으로 생활하지 못하고, 옷을 기운이나 상황에 맞게 입지 못하기 때문에, 매로 잘 달래주어서 이를 돕기 때문에 도움이 필요하게 된다. 넘어서 쓸수 없고, 물을 온도를 조절할 수 없다. 안전하게 운전을 할 수 없게 되고, 갑자기 속도를 올리거나 내리고, 또 신호를 무시하기도 한다. 무사고였던 사람이 처음 사고를 내는 경우도 있다. 크게 소리를 지르는 등 감정 장애, 안절부절 못하고 계속 움직이는 다동(多動), 수면장애 때문에 집에서 적응하지 못해, 때로 의사의 치료가 필요할 때도 있다.
6. 중증의 인지 기능 저하	약간 고도 알츠하이머형 치매	(a) 부적절한 옷 입기	잠옷 위에 평상복을 겹쳐 입는다. 신발끈을 묶지 못하고, 단추를 바로 채우거나, 넥타이를 제대로 매지 못한다. 신발의 왼쪽, 오른쪽을 구분하지 못하고 신발을 거꾸로 신기도 한다. 옷을 입을 때도 도움이 필요하다.
		(b) 목욕할 때 도움이 필요하다. 목욕을 싫어한다.	목욕 물의 온도나 양을 조절하지 못하며, 몸을 잘 씻지 못한다. 욕조에 들어가고 나가기가 어려워지며, 목욕한 뒤에 몸을 제대로 닦지 못한다. 개다가 목욕을 싫어하고, 싫다는 의사가 행동으로 나타난다.

6. 중증의 인지 기능 저하	약간 고도 알츠하이머형 치매	(c) 변기 물을 내리지 못한다.	용변을 끝낸 후, 물 내리는 것을 잊거나 제대로 닦는 것을 잊거나, 또는 용변 후 옷을 제대로 입지 못한다.
		(d) 요실금	때때로 (c) 단계와 동시에 일어나기도 하는데, 이러한 단계들 사이에는 수개월의 격차가 있는 경우가 많다. 적절한 배설 행동과 그 절차를 주관하는 인지기능의 저하 때문에 요실금이 발생한다. 이 시기에 일어나는 요실금은 요로 감염이나 다른 비뇨생식기계의 문제를 일으키지는 않는다.
		(e) 변실금	이 시기의 장애는 (c)나 (d) 단계에서도 볼 수 있는데, 평소에 일시적이라 하더라도 때때로 나타나는 경우가 많다. 조종함이나 눈에 띄는 정신 증상 때문에 요양시설에서 진정받는 경우도 많다. 공격적 행위나 실금으로 인해 시설 입소를 고려해야 하는 경우가 많다.
7. 매우 중증의 인지 기능 저하	고도 알츠하이머형 치매	(a) 최대 약 6단어로 한정된 언어 사용. 언어 기능 저하.	어휘와 언어 능력 저하는 알츠하이머형 치매의 특징이다. 말수가 줄어들고 이야기가 갑자기 끊기기도 한다. 증상이 더 진행되면 온전한 문장으로 이야기하는 능력이 점차 사라진다. 실금이 확인되면, 대화는 몇 개의 단어 또는 짧은 절이나 구에 그치며, 이때 사용하는 어휘는 2, 3개의 단어로 한정되어 버린다.
		(b) 한 단어씩만 기억할 수 있다.	마지막까지 말할 수 있는 단어에 대해서는 개인차가 있어, 어떤 노인은 '예'라는 말로 긍정과 부정, 모두를 나타내는 경우가 있고, 반대로 '아니오'라는 대답으로 의를 나타내기도 한다. 증상이 진행됨에 따라 이 말도 없게 된다. 한편 완전히 말을 하지 못하는 경우가 있는데, 수개월 후에 갑자기 마지막으로 말했던 단어를 일시적으로 발음하는 경우가 있는다. 언어를 의미있게 사용하는 능력을 잃어버린 후에는 그저 큰 소리로 외치거나, 의미가 불분명한 중얼거리는 소리만 내게 된다.
		(c) 걷지 못하게 된다.	걷지 못하게 된다. 조금씩 천천히 걸을 수는 있지만 계단을 오르내릴 때 도움을 받아야 한다. 완전히 걷지 못하게 되는 시기는 각각 개인차가 있다. 걷는 속도가 점차 느려지고, 보폭이 좁아진다. 걸을 때 앞뒤 혹은 좌우로 몸이 기울어지고, 수개월 동안 누워서 생활할 경우, 몸이 군어지기 시작한다.
		(d) 앉아있지 못한다.	대부분 누워서 지낸다 해도 처음에는 도움 없이 의자에 앉아 있을 수 있다. 하지만 점점 의자에 앉아 있을 수 없게 된다. 이 시기에는 아직 웃거나 설거나 잡는 행동은 할 수 있다.
		(e) 웃음이 사라진다.	이 시기에는 자극을 받으면 눈동자를 느리게 움직이는 것은 가능하다. 대부분의 경우 파악반사는 사잠 운동과 함께 유지된다.
		(f) 혼미 및 혼수	이 시기는 알츠하이머형 치매 말기라고 할 수 있으며, 원래 질환의 뒤따르는 대사기능저하와 관련되어 있다.

(출처) Reisberg B, Ferris SH, Anand R, et al.:Functional staging of dementia of the Alzheimer type, Annals of the New York Academy of Sciences, 435:481-483(1984).

3. 치매로 인한 일상생활동작 ADL 장애

치매인에게 나타나는 ADL 장애는 치매의 증상이나 신체 상태, 생활환경이 원인일 수도 있고, 다른 사람과의 관계가 영향을 주는 경우도 많다. 그 ADL이 치매인 자신의 생활을 어렵게 만드는 것도 사실이다. 그래서 인지기능을 사정하는 것과 같은 방식으로 시간의 경과에 따라 ADL 수준을 사정하는 것이 중요하다.

ADL은 이동, 목욕, 옷 입고 벗기, 식사, 배설 등에 필요한 동작이며, 이러한 기본적인 신체 동작이 가능한지를 사정한다. 또한 치매인의 역할에 대한 측면을 살펴보기 위해 전화기 사용법, 쇼핑, 식사준비, 가사, 세탁 등 좀 더 행동반경이 넓은 일상생활동작도 평가해야 한다(IADL).

ADL이나 IADL을 측정하는 방식에도 질문식과 관찰식, 두 종류가 있다. 현재 가장 많이 이용되고 있는 것은 대상자의 일상생활을 충분히 알고 있는 가족들에게 질문하는 방식(인터뷰)이다. 여기서는 질문식의 세 가지 측정 도구를 소개한다. 관찰식은 관찰자가 검사를 할 때, 실제로 대상자가 ADL 항목에 있는 행동들을 할 수 있는지 지켜보고 평가하는 방법이다.

(1) N식 노인용 일상생활동작 평가척도 N-ADL (표 4-8)

N-ADL은 기본적인 일상생활동작을 평가하는 도구이다. 보행·일어나 앉기, 생활 범위, 옷 입고 벗기·목욕, 식사, 배설 등 5가지 항목이 있고, 각 항목마다 7단계로 나누어 중증도 평가한다. 각 항목의 득점 범위는 10점에서 0점까지이며, 총 득점은 50점이다. 점수가 낮을수록 장애가 심한 것으로 본다. N-ADL은 기본적인 ADL 척도이며, N식 노인용 정신상태 척도(NM 스케일)와 병용하도록 권장하고 있지만, 단독으로도 이용할 수 있다.

(2) 치매 장애 평가척도DAD (표 4-9)

치매 장애 평가척도DAD: Disability Assessment for Dementia는 재택케어를 받는 알츠하이머형 치매인을 대상으로 한다. 대상자를 잘 알고 있는 가족 케어자를 인터뷰하여 ADL을 평가한다. 이것은 「할 수 있는 것·할 수 없는 것 목록」과는 다르게, 최근 2주 내에 「했다·하지 않았다」를 평가하는 것이다. 구체적으로 위생, 옷 입기, 배설, 식사, 식사준비, 전화 사용, 외출, 금전관리, 복약, 여가, 가사 등 10개 영역이 있다. ADL을 평가하는 다른 척도들 중에는 성별이나 문화적 관습에 따라 부적절한 평가 항목이 포함되는 경우도 있다. 하지만 DAD는 살면서 한번도 요리를 해본 적이 없는 사람의 경우, 평가 항목에서 요리에 관한 내용을 빼고, 나머지 항목의 점수를 분모로 하여 비율로 결과를 산출할 수 있다는 장점이 있다.

이 척도의 각 영역에는 「행동의 시작」, 「계획·절차」, 「유효한 수행」이라는 3가지 요소를 확인하는 질문이 있다.

(3) 수단적 일상생활동작 평가척도IADL (표 4-10)

IADL은 1969년에 로튼Lawton MP이 개발한 것으로, 전화 사용, 쇼핑, 식사준비 등 고차 IADL을 8개 영역으로 구분하여 평가한다. 각 영역에는 3~5단계의 확인 항목이 있고, 「할 수 있다/할 수 없다」로 답한다. 할 수 있을 때는 1점, 할 수 없는 경우에는 0점으로 처리한다. 득점 범위는 여성의 경우 0~8점, 남성은 식사 준비, 가사, 세탁에 대해서는 평가하지 않으므로 0~5점이 된다.

〈표 4-8〉 N시 노인용 일상생활활동작평가척도(N-ADL)

항목\평가	0점	1점	3점	5점	7점	9점	10점	평가
걷기 일어나 앉기	대부분 누워서 생활(일어나 앉을 수 없음)	대부분 누워서 생활(일어나 앉을 수 있음)	누워 있거나 일어나 앉을 때도 활체에 등에 의지해야 함.	잡고 걷기 계단 오르내리기 불가능	지팡이 짚고 걷기 계단 오르내리기 곤란	잠깐 혼자 걷기 가능	정상	
생활권(활동범위)	침대 위 (누워지냄)	침대 주변	실내	옥내	옥외	근처	정상	
옷 벗고 입기 목욕하기	완전 도움 특수 목조를 이용해 목욕함.	거의 모든 일에 도움 필요(지시에 따라 일부 동작 가능)	옷을 입기 어려움. 옷 벗기는 부분 도움을 필요로 함. 목욕할 때도 부분 도움 필요	옷 벗기 가능, 옷 입기는 부분적으로 도움 필요, 부분적으로 스스로 씻을 수 있음	느리고, 가끔 부정확함. 머리감기, 발 씻기 등을 못함.	거의 자립 약간 느림 몸은 씻을 수 있지만, 머리를 감을 때는 도움 필요	정상	
식사하기	입으로 먹을 수 없음.	입으로 먹을 경우 전체적으로 도움 필요	대부분 도움이 필요(식사 도중에 엎지른다, 모든 음식을 잘게 썰 필요 있음)	부분 도움(먹기 어려운 음식은 잘 썰 필요 있음)	식사를 차려 주면 거의 자립	거의 자립	정상	
대소변 가리기	항상, 대소변 실금(변의·요의를 확인할 수 없음)	항상, 대소변 실금(변의·요의 있음, 실금 후 불쾌감 나타냄)	자주 실금한다 (요의·변의가 있다는 것을 표현할 수 있음, 항상 기저귀)	가끔 실금한다(주의를 기울여 배설을 유도하면 거의 실금 하지 않음)	이동식 변기요강 사용 후, 뒤 처리 불충분	화장실에서 가능 뒤처리가 불충분할 때도 있음.	정상	

중증도 평가

10점	정상	자립적으로 일상생활을 할 수 있다.
9점	경계	자립적인 일상생활이 어려워지기 시작하는 초기 상태이다.
7점	경도	일상생활에서 약간의 도움 또는 관찰이 필요하다.
5점·3점	중등도	일상생활에서 부분적인 도움이 필요하다.
1점·0점	중증	모든 부분에 도움이 필요하다(0점은 활동성이나 반응성을 완전히 상실한 최중증 상태를 의미한다).

(출처) 大塚俊男, 本間 昭監: 高齢者のための知的機能検査の手引き. ワールドプランニング, 東京(1991).

〈 표 4-9 〉 치매 장애 평가척도(DAD)

이름:		File No.		
시행일:		MMS:	GDS:	DAD:
정보 제공자:		관계:		
모든 운동 및 감각 기능 장애를 기록				
채점: 네=1 아니오=0 해당되지 않음=N/A 지난 2주 동안에 대상자는 도움이나 지시 없이 아래의 행동을 할 수 있었습니까?				
		행동의 개시	계획 절차	유효한 수행
위생				
• 몸을 씻으려고 한다 또는 목욕하거나 샤워를 하려고 한다.		☐		
• 이를 닦거나 의치를 손질하려고 한다.		☐		
• 머리카락을 손질(세발 및 이발)하려고 한다 .		☐		
• 몸을 씻거나 입욕하기 위해 물을 데우고 타올이나 비누를 준비한다.			☐	
• 몸을 씻고 몸 전체를 완전히 닦고 말린다.				☐
• 양치질 혹은 의치 손질을 제대로 한다.				☐
• 머리카락을 제대로 손질한다(세발과 정발).				☐
옷 벗고 입기				
• 스스로 옷을 입으려고 한다.		☐		
• 적절한 옷을 선택한다(시기, 몸 단정, 기후 및 색의 조합에 관해서).			☐	
• 순서대로 옷을 입는다(속옷, 의복 및 구두).			☐	
• 안전하게 스스로 옷을 입는다.				☐
• 안전하게 스스로 옷을 벗는다.				☐
대소변 조절하기				
• 적절한 때에 화장실에 가려고 한다.		☐		
• 실수 없이 화장실을 사용한다.			☐	
식사하기				
• 먹으려고 한다.		☐		
• 먹을 때에 적절한 식기와 조미료(소금, 설탕 등)를 선택한다.			☐	
• 보통의 속도, 적절한 매너를 지키며 먹는다.				☐

식사의 준비			
• 자신이 먹을 간단한 식사를 스스로 준비하려고 한다.	☐		
• 간단한 식사를 만들기 위한 메뉴를 생각한다(메뉴의 내용, 요리 기구).		☐	
• 간단한 식사를 제대로 준비하거나 요리한다.			☐
전화를 건다			
• 적절한 때에 전화를 걸려고 한다.	☐		
• 맞는 번호를 찾아내 전화를 건다.		☐	
• 적절한 대화를 한다.			☐
• 전달할 사항을 제대로 써서 전한다.			☐
외출			
• 적절한 시간에 밖에 나가려고 한다(산책, 방문, 물건 사기).	☐		
• 교통 수단, 열쇠, 목적지, 날씨, 필요한 돈, 쇼핑 리스트 등을 생각한 후 외출한다.		☐	
• 익숙한 목적지에 길을 잃지 않고 도착한다.			☐
• 적절한 교통 수단을 바르게 이용한다.			☐
• 가게에서 적절한 물건을 산 후 돌아온다.			☐
금전 취급과 통신			
• 금전을 취급하거나 편지를 교환하는 등 개인적인 일에 관심을 나타낸다.	☐		
• 값을 계산하고 돈을 지불한다(수표, 은행 통장, 외상).		☐	
• 문구, 주소, 우표 등을 고려하고 바르게 편지를 쓴다.		☐	
• 돈을 맞게 관리한다(지폐와 동전을 적절히 사용한다).			☐
약 먹기			
• 정해진 시간에 약을 먹으려고 한다.	☐		
• 처방받은 대로 정량을 먹는다.		☐	
여가와 가사			
• 여가 활동에 관심을 나타낸다.	☐		
• 이전부터 해왔던 가사 활동에 관심을 나타낸다.	☐		
• 이전부터 해왔던 가사 절차를 바르게 기억해낸다.		☐	
• 이전부터 해왔던 가사 활동을 무리 없이 해낸다.			☐
• 필요한 때에는 안전하게 집에 있을 수 있다.			☐
소계			
DAD 총득점: 채점자:			

(출처) Gelinas I, Gauthier L, McIntyre M, et al.:Development of a functional Measure for persons with Alzheimer's disease;The Disabillity Assessment for Dementia. The American journal of occupational therapy, 53: 471-481(1999).

〈 표 4-10 〉 수단적 일상생활동작 평가척도(IADL)

항목		득점
A. 전화 사용	1. 자유롭게 전화를 걸 수 있다.	1
	2. 잘 알고 있는 몇 개의 전화번호로는 걸 수 있다.	1
	3. 전화를 받을 수 있지만 전화를 걸지는 못한다.	0
	4. 전화를 전혀 사용할 수 없다.	0
B. 물건사기	1. 혼자서 물건을 살 수 있다.	1
	2. 적은 양의 물건은 혼자서 구입 할 수 있다.	1
	3. 누군가의 도움을 받으면 물건을 살 수 있다.	0
	4. 물건을 전혀 살 수 없다.	0
C. 식사 준비	1. 인원수에 맞게 준비하고, 충분히 스스로 할 수 있다.	1
	2. 재료가 준비되어 있으면 식사 준비를 할 수 있다.	1
	3. 식사를 준비할 수 있지만, 인원수에 맞게 하지는 못한다.	0
	4. 타인에게 식사 준비를 부탁한다.	0
D. 가사	1. 육체 노동 이외의 가사 활동은 혼자서 할 수 있다.	1
	2. 식사 후 그릇을 씻거나 이불을 펴는 등 간단한 일은 할 수 있다.	1
	3. 간단한 가사는 할 수 있지만, 깔끔하고 청결하게는 할 수 없다.	1
	4. 타인의 도움이 없으면 가사 활동을 할 수 없다.	0
	5. 가사 활동을 전혀 할 수 없다.	0
E. 세탁	1. 혼자 세탁할 수 있다.	1
	2. 양말 등 작은 것은 세탁할 수 있다.	1
	3. 타인에게 세탁을 부탁한다.	0
F. 이동·외출	1. 자동차를 운전하거나 전철·버스를 타고 외출할 수 있다.	1
	2. 혼자서 택시를 타고 나갈 수는 있지만, 전철이나 버스는 이용할 수 없다.	1
	3. 동행이 있으면 전철이나 버스를 이용할 수 있다.	1

F. 이동·외출	4. 타인의 도움을 받아 택시나 자동차로 외출할 수 있다.	0
	5. 전혀 나갈 수 없다.	0
G. 복약 관리	1. 시간에 맞춰 알맞은 양을 먹는다.	1
	2. 약이 미리 준비되어 있으면 스스로 먹을 수 있다.	0
	3. 스스로는 전혀 약을 먹을 수 없다.	0
H. 금전의 관리	1. 금전 관리를 스스로 할 수 있다(가계부, 집세, 청구서 지불, 은행에서의 용무 등).	1
	2. 소소한 물건들은 혼자서 살 수 있지만, 많은 양의 물건을 구입하는 복잡한 일이나 은행 업무는 함께 가서 도와줄 사람이 필요하다.	1
	3. 금전을 취급할 수 없다.	0
득점 범위는 남자는 0~5점, 여자는 0~8점		

(출처) Lowton MP, Brody EM(本間 昭訳):Assessment of older people;Self-main taining and Instrumental activities of daily living. The Gerontologist, 9:179-186(1969).

4. 치매로 인한 행동·심리증상 BPSD

치매인에게 나타나는 BPSD는 인지기능이나 ADL이 저하되면서 나타난다. 하지만 환경 변화, 신체 상태, 부적절한 대응 방법 때문에 나타나는 경우도 많다. 따라서 효과적으로 케어하기 위해서는 BPSD의 종류와 그 정도를 평가하는 것이 중요하다. BPSD 평가 방법은 이미 여러 가지가 소개되어 있지만, 어떤 행동이 BPSD 증상인지 파악하는 것과 빈도별 분류, 시간의 경과에 따라 평가할 수 있는 척도 개발 등은 앞으로도 지속적으로 연구해야 하는 부분이다.

다음은 국제적으로 사용되고 있는 척도들 중 일부이다.

(1) 알츠하이머병 행동병리 척도 Behave-AD (표 4-11)

알츠하이머병 행동병리 척도 Behave-AD: Behavioral Pathology In Alzheimer's Disease 는 알츠하이머형 치매에서 나타나는 정신증상에 대한 약물치료가 얼마나 효과가 있는지 판정하기 위해 개발된 평가 도구이다. 이 도구는 케어자와 면접할 때 얻은 정보를 가지고 증상이나 행동의 중증도를 평가한다. 치매인에게 나타나는 망상, 환각, BPSD 등 전반적인 평가 항목 7개와 그에 따른 구체적인 행동, 예를 들어 「누군가 물건을 훔쳐간다는 망상」, 「이곳이 자신의 집이 아니라고 하는 망상」 등 25개 하위 항목으로 구성되어 있다. 평가는 측정 시점 2주 내에 나타났던 행동을 대상으로 실시한다. 25개 항목의 장애 정도는 〈0 : 없음〉부터 〈3 : 중증〉까지 네 가지로 판정한다.

(2) 치매 행동 장애 척도 DBDS (표 4-12)

치매 행동 장애 척도 DBDS: Dementia Behavior Disturbance Scale 는 치매인에게 나타나는 BPSD의 빈도에 대해 케어자에게 질문하여 평가하는 측정 방식이다. 「같은 것을 몇 번이나 물어본다」, 「식사를 거부한다」 등 구체적인 행동이 28개 항목으로 구성되어 있다. 측정 시점에서 1주 이내에 나타났던 각 BPSD의 출현 빈도를 「전혀 없음」 1점, 「거의 없음」 2점, 「가끔 있음」 3점, 「자주 있음」 4점, 「항상 있음」 5점으로 평가한다. 득점범위는 0~112점으로, 점수가 높을수록 BPSD가 자주 나타남을 의미한다.

〈 표 4-11 〉 알츠하이머병 행동병리 척도(Behave-AD)

최근 2주 동안 환자의 정신 증상에 대해서, 케어자와의 면접에 근거하여 그 증상의 정도에 대해 평가하고, 해당하는 정도에 상응하는 숫자에 ○표한다.

	A. 망상 관념
1. 누군가 물건을 훔쳐 간다는 망상	「누군가 자신의 것을 훔치고 있다고 믿고 있습니까?」 0 : 없음 1 : 누군가 물건을 숨기고 있다고 생각한다 2 : 누군가 집에 침입해 물건을 숨기거나 훔치고 있다고 생각한다 3 : 집에 침입한 사람과 이야기하거나 그 소리에 귀를 기울인다
2. 여기가 자신의 집이 아니라고 하는 망상	「자신의 집에 있는데, 그곳이 자신의 집이 아니라고 믿고 있습니까?」 0 : 없음 1 : 그렇게 확신하고 있다(짐을 싸면서, 「집에 데려다 달라」고 호소한다) 2 : 집에 간다고 말하면서, 나가려고 한다 3 : 외출을 못하게 하면 폭력을 휘두른다
3. 배우자(케어자)를 가짜라고 생각하는 망상	「배우자(케어자)가 가짜라고 생각합니까?」 0 : 없음 1 : 가짜라고 확신하고 있다 2 : 가짜라고 말하며 화낸다 3 : 가짜라고 말하며 폭력을 휘두른다
4. 버림을 받았다고 여기는 망상	「자신이 가족에게 버림 받았다고 믿고 있습니까?」 0 : 없음 1 : 케어자가 전화를 하고 있으면, 자신을 버리거나 시설에 넣으려고 통화한다고 의심한다 2 : 케어자가 자신을 버리거나 시설에 넣으려 한다고 말하며 추궁한다 3 : 케어자가 지금 당장이라도 자신을 버리거나 시설에 넣으려 한다고 말하면서 공격한다
5. 불신 망상	「배우자를 비롯해 가족이 자신을 배반하고 있다고 믿고 있습니까?」 0 : 없음 1 : 배우자나 자식 등 케어자가 충실치 못하다는 것을 확신한다 2 : 배우자나 자식 등 케어자가 충실치 못하다고 화를 낸다 3 : 배우자나 자식 등 케어자가 충실치 못하다며 폭력을 휘두른다
6. 의심 망상	「뭔가 의심스럽거나 미심적다고 생각할 때가 있습니까?」 0 : 없음 1 : 의심(스스로 물건을 숨겨 두고, 어디에 두었는지 모를 때 등) 2 : 망상(정정하기 곤란한 의심이나, 의심을 근거로 분노를 나타내는 상태) 3 : 의심 때문에 폭력을 휘두른다

7. 망상 (그 외의 망상)	「위의 경우 외에, 있지도 않은 물건이나 일을 믿고 있는 것처럼 보입니까?」 0 : 없음 1 : 그런 것 같다 2 : 발언이나 감정 상태를 보면 망상이 확실히 존재한다 3 : 망상에 근거한 행동이나 폭력이 나타난다
B. 환각	
8. 환시(시각)	「실제로는 없는데 보고 있는 것처럼 말하거나 그런 표정을 지은 적이 있습니까?」 0 : 없음 1 : 대상은 명확하지 않지만 있는 것 같다 2 : 분명히 어떤 대상을 보고 있다 3 : 뭔가가 보이는 듯 그 대상에게 말을 걸거나 행동 또는 감정을 나타낸다
9. 환청(청각)	「실제로는 들리지 않는데 들린다고 말하거나 그런 표정을 짓는 일이 있습니까?」 0 : 없음 1 : 대상은 명확하지 않지만 있는 것 같다 2 : 들려 오는 음이나 소리를 분명히 느낀다 3 : 들려 오는 음이나 소리를 향한 말이나 행동 또는 감정을 나타낸다
10. 환후(후각)	「타는 냄새가 난다, 뭔가가 불에 그슬리는 냄새가 난다」고 말한 적이 있습니까? 0 : 없음 1 : 대상은 명확하지 않지만 있는 것 같다 2 : 무슨 냄새인가 뚜렷이 맡고 느낀다 3 : 냄새 혹은 향기가 나는 쪽을 향해 말이나 행동 또는 감정을 나타낸다
11. 환촉(촉각)	「무엇인가가 몸 위를 기어 다닌다고 말하거나 그것을 집어 던지는 동작을 합니까?」 0 : 없음 1 : 대상은 명확하지 않지만 있는 것 같다 2 : 무엇을 만지고 있는지 뚜렷이 알수 있다 3 : 손을 대고 있는 것에 대한 말이나 행동 또는 감정을 나타낸다
12. 그 밖의 환각	「위의 상황 외에 실제로 존재하지 않았는데 있는 것처럼 말하거나 행동한 적이 있습니까?」 0 : 없음 1 : 대상은 명확하지 않지만 있는 것 같다 2 : 뚜렷한 대상이 있다 3 : 그 대상을 향한 말이나 행동 또는 감정을 나타낸다
C. 행동장애	
13. 배회	「이유 없이 무작정 걸어 다닐 때가 있습니까?」 0 : 없음 1 : 그런 경향은 있지만, 말려야 할 정도는 아니다 2 : 그만두게 할 필요가 있다 3 : 막으려 하면, 저항하는 말이나 행동, 감정을 나타낸다

14. 목적 없는 행동	「아래의 예와 같이, 본인에게는 의미가 있을지도 모르지만, 다른 사람이 생각하기에는 무의미한 동작이나 행동을 합니까?」 예) 지갑을 여닫거나, 옷을 정리했다가 꺼내는 행동의 반복, 옷을 입고 벗기를 반복, 장롱문을 열고 닫기를 반복, 요구나 질문의 반복 0 : 없음 1 : 목적 없는 행동을 반복한다 2 : 목적 없이 왔다갔다하기 때문에 그만두게 할 필요가 있다 3 : 목적 없이 행동하다가, 찰과상 등 상처를 입는다
15. 부적절한 행동	「아래와 같은, 비상식적인 또는 적절하지 않은 행동을 합니까?」 예) 물건을 부적절한 곳에 감추거나 숨기는 행동(예를 들어 옷을 휴지통에 버리거나, 오븐에 빈 접시를 넣는다), 몸을 음란하게 노출하는 등의 성적 행동 0 : 없음 1 : 있음 2 : 있음. 그만두게 할 필요가 있다 3 : 있음. 그만두게 할 필요가 있지만, 그렇게 하려 할 때 화를 내거나 폭력을 휘두른다
D. 공격성	
16. 폭언	「비속어를 사용하거나 사람을 욕한 적이 있습니까?」 0 : 없음 1 : 있음(평소에는 사용하지 않는 비속어나 욕) 2 : 있음. 화를 낸다 3 : 있음. 다른 사람에게 화를 낸다
17. 위협이나 폭력	「사람을 위협하거나 폭행하는 일이 있습니까?」 0 : 없음 1 : 위협하려는 자세를 취한다 2 : 폭력을 휘두른다 3 : 난폭하게 폭력을 휘두른다
18. 불온	「화난 표정이나 태도, 또는 저항 등을 볼 수 있습니까?」 0 : 없음 1 : 있음 2 : 있음. 감정적인 부분만 드러난다 3 : 있음. 감정과 행동, 모두에 나타난다
E. 1일 생활리듬 장애	
19. 수면·각성 장애	「야간에 숙면합니까?」 0 : 문제 없음 1 : 야간에 자주 일어난다 2 : 야간 수면이 원래보다 50~75% 단축된다 3 : 야간 수면이 원래보다 50% 이상 단축된다(1일 생활리듬장애)

	F. 감정장애
20. 비애	「슬퍼하는 것 같은 모습이 보입니까?」 0 : 없음 1 : 있음 2 : 있음. 감정이 분명하게 표출된다 3 : 있음. 감정과 행동, 둘 다에서 나타난다(손을 꽉 쥐는 동작 등)
21. 억울	「우울하고, 살아 있어도 소용없다는 등 부정적인 말을 한 적이 있습니까?」 0 : 없음 1 : 있음. 병적으로 심하지는 않지만, 가끔 죽고 싶다는 말을 한다 2 : 있음. 자살의지가 명확한 상태이다 3 : 있음. 자살하려는 의사가 감정과 행동으로 나타난다
	G. 불안 및 공포
22. 다가오는 약속 날짜나 예정에 대한 불안	「다가오는 약속 날짜나 예정에 대해 몇 번이나 물어봅니까?」 0 : 없음 1 : 있음 2 : 있음. 케어자가 곤란할 정도로 자주 묻는다 3 : 있음. 케어자가 참기 어려울 정도로 매우 자주 묻는다
23. 그 밖의 불안	「위의 상황 이외에, 불안해 보일 때가 있습니까?」 0 : 없음 1 : 있음 2 : 있음. 케어자가 곤란해 할 정도로 불안해한다 3 : 있음. 케어자가 참기 힘들 정도로 매우 불안해한다
24. 홀로 남겨지는 공포	「홀로 남겨지는 것을 비정상적으로 무서워합니까?」 0 : 없음 1 : 있음. 무섭다고 호소한다 2 : 케어자의 대응이 필요하다 3 : 케어자가 항상 곁에 있어야 한다
25. 그 외의 공포	「위의 상황 외에, 뭔가 특정한 것을 비정상적으로 무서워합니까?」 0 : 없음 1 : 있음 2 : 있음. 케어자의 대응이 필요하다 3 : 있음. 무서운 나머지 돌발 행동을 저지르지 않도록 막을 필요가 있다
	전반적 평가
	「위의 증상은 아래의 어느 것에 해당합니까?」 0 : 케어자도 전혀 부담을 느끼지 않고, 본인에게도 위험성은 없다 1 : 케어자가 느끼는 부담과 환자 자신에 대한 위험성은 경도(낮은 수준)이다 2 : 케어자가 느끼는 부담과 환자 자신에 대한 위험성은 중등도(심한 수준)이다 3 : 케어자는 참기 어려울만큼 부담을 느끼고, 환자 자신도 매우 위험하다

(출처) 朝田 隆, 本間 昭, 木村通宏, ほか:日本語版BEHAVE-ADの信頼性について. 老年精神医学雑誌, 10(7):825-834(1999).

〈 표 4-12 〉 치매 행동 장애 척도(DBDS)

치매 행동 장애 척도(DBDS)의 평가 항목	전혀 없음 (0점)	거의 없음 (1점)	가끔 있음 (2점)	자주 있음 (3점)	항상 있음 (4점)
1. 같은 질문을 여러번 반복한다.					
2. 자주 물건을 잃어버리고, 다른 곳에 두거나 숨긴다.					
3. 일상적인 사물에 관심을 나타내지 않는다.					
4. 특별한 이유없이 한밤중에 걸어 다닌다.					
5. 근거 없이 다른 사람의 트집을 잡는다.					
6. 낮에는 잠만 잔다.					
7. 무턱대고 걸어 다닌다(의미없이 걸어 다닌다).					
8. 같은 동작을 계속 반복한다.					
9. 심한 욕설을 퍼붓는다.					
10. 장소에 맞지 않거나 계절에 맞지 않는 옷을 입는다.					
11. 상황에 맞지 않게 울거나 웃거나 한다.					
12. 보살펴 주는 것에 대해 거부한다.					
13. 특별한 이유 없이 물건을 모아 둔다.					
14. 침착하지 못하거나 흥분하여 쓸데없이 손발을 움직인다.					
15. 서랍이나 옷장의 내용물을 모두 꺼낸다.					
16. 한밤중에 집안을 돌아 다닌다.					
17. 집 밖으로 나가 버린다.					
18. 식사를 거부한다.					
19. 과식한다.					
20. 요를 실금한다.					
21. 낮동안, 목적 없이 야외나 옥내를 걸어 다닌다.					

22. 폭력을 휘두른다(때리거나, 물거나, 손톱으로 긁거나, 차거나, 남에게 침을 뱉는다).					
23. 이유없이 비명을 지른다.					
24. 부적절한 성관계를 가지려 한다.					
25. 음부를 노출한다.					
26. 의복을 찢거나 그릇 등을 깬다.					
27. 대변을 실금한다.					
28. 음식을 던진다.					

각 질문에 대해서, 증상이 나타나는 범위를, 전혀 없음(0점), 거의 없음(1점), 가끔 있음(2점), 자주 있음(3점), 항상 있음(4점)의 5단계로 평가한 후 원점수의 합을 산출한다. 합계 득점 범위는 0점에서 112점까지이며, 점수가 높을 수록 복수의 행동 장애 빈도가 높다는 것을 의미한다.

(출처) Baumgarten M, Becker R, Gautheier S:Validity and reliability of the dementia behavior disturbance scale. Journal of the American Geriatrics Society, 38:221-226(1990).

5. 기타 영역의 어세스먼트 척도

우울 상태, 섬망 등은 치매로 착각하기 쉬운 증상이다. 대상자에게 이런 증상이 나타나면 본래의 치매 증상보다 악화된 것처럼 보이기 때문에, 케어자는 어떻게 대응해야 할지 당황하게 된다. 따라서 다음의 척도들을 이해해 둘 필요가 있다.

(1) 노인 우울척도GDS (표 4-13)

우울 상태는 ① 우울한 기분, ② 기력이 없음, 매사가 귀찮음, ③ 불안·초조감, ④ 자율신경 장애 등 네 가지 증상으로 나타난다. 노인 우울척도GDS: Geriatric Depression Scale는 우울의 중증도나 경과를 보는 척도로써, 노인용으로 작성되었으며 대상자에게 직접 질문하는 방식으로 진행된다. 질문 내용에는 「자신의 생활에 만족합니까」, 「자신의 인생이 허망하다고 느껴집니까」 등 30개 항목이 있으며, 「예/아니오」로 답한다. 우울 증상을 나타내는 응답에 1점씩 더하여, 합산 점수가 11점을 넘으면 우울 상태인 것으로 판단한다.

(2) 섬망 평가척도DRS (표 4-14)

섬망은 가벼운 의식 장애, 환각과 비정상적 움직임을 동반하는 상태이며, 야간에 증상이 심하게 나타나는 경우가 많다. 섬망 평가척도DRS; Delirium Rating Scale는 **발증** 방식, 지각 장애, 환각의 종류 등 10개 항목으로 구성되어 있으며, 증상이 점수가 높을수록 중증으로 평가된다. 총 득점은 32점인데, 20점 이상이면 섬망이 의심된다.

> **발증**
> 급성 질환에서 증상의 정도가 급격하게 변하는 것

〈 표 4-13 〉 노인 우울척도(GDS)

항목	평가
1. 자신의 생활에 만족합니까?	예 / **아니요**
2. 지금까지 해 온 일이나 흥미 있었던 대부분의 일을 최근에 그만두었습니까?	**예** / 아니요
3. 자신의 인생이 허무하다고 느껴집니까?	**예** / 아니요
4. 지루하다고 느껴지는 일이 있습니까?	**예** / 아니요
5. 장래에 희망이 있습니까?	예 / **아니요**
6. 머릿속에서 지워지지 않는 생각 때문에 고민하는 일이 있습니까?	**예** / 아니요
7. 평소에 기분이 좋은 편입니까?	예 / **아니요**
8. 자신에게 뭔가 나쁜 일이 일어날지도 모른다는 불안감이 있습니까?	**예** / 아니요
9. 당신은 언제나 행복하다고 생각합니까?	예 / **아니요**

10. 자신이 무력하다고 자주 생각합니까?	**예** / 아니요
11. 기분이 안정되지 못하고 짜증나는 일이 자주 있습니까?	**예** / 아니요
12. 밖에 나와 새로운 일을 하는 것보다, 집안에 있는 편이 좋습니까?	**예** / 아니요
13. 자신의 장래에 대해 자주 걱정하십니까?	**예** / 아니요
14. 다른 사람에 비해 기억력이 떨어졌다고 생각됩니까?	**예** / 아니요
15. 지금 살아 있는 것은, 훌륭한 일이라고 생각합니까?	예 / **아니요**
16. 기분이 자주 가라앉거나 우울해 집니까?	**예** / 아니요
17. 자신의 현재 상태는 전혀 가치 없는 것이라고 생각됩니까?	**예** / 아니요
18. 과거의 일에 대해서, 여러 가지를 고민하고 있습니까?	**예** / 아니요
19. 인생이란 두근거리고 즐거운 것이라고 생각합니까?	예 / **아니요**
20. 지금의 자신이 뭔가 새로운 일을 시작하기에 늦었다고 생각합니까?	**예** / 아니요
21. 자신은 활력으로 가득차 있다고 생각합니까?	예 / **아니요**
22. 지금 자신의 상황에 희망이 없다고 생각됩니까?	**예** / 아니요
23. 다른 사람이 당신보다 풍족한 생활을 하고 있다고 생각됩니까?	예 / **아니요**
24. 사소한 일로 기분이 가라앉는 경우가 자주 있습니까?	**예** / 아니요
25. 자주 울고 싶어 집니까?	**예** / 아니요
26. 일에 집중하기가 곤란합니까?	**예** / 아니요
27. 아침에 일어날 때 기분이 좋습니까?	예 / **아니요**
28. 사교 모임 참석을 피하는 편입니까?	**예** / 아니요
29. 결단을 쉽게 내릴 수 있는 편입니까?	예 / **아니요**
30. 이전과 다름없이 두뇌 활동이 활발합니까?	예 / **아니요**

굵은 글씨의 회답은 우울 증상 쪽에 더한다.

(출처) 笠原洋勇, 加田博秀, 柳川裕紀子:老年精神医学関連領域で用いられる測度;うつ状態を評価するための測度(1). 老年精神医学雑誌, 6(6):757-762(1995).

〈 표 4-14 〉 섬망 평가척도(DRS)

항목 1: 발증 방식	0. 변화 없음 1. 6개월 이내의 느린 변화	2. 1개월 정도의 급격한 변화 3. 1~3 일 정도의 급격한 변화
항목 2: 지각장애	0. 징후 없음 1. 현실감이 떨어지고, 모든 감각이 무뎌짐	2. 착시 등의 지각장애 3. 복합적 지각장애
항목 3: 환각의 종류	0. 환각 없음 1. 환청	2. 환시 3. 환촉, 환후, 환미
항목 4: 망상	0. 망상 없음 1. 체계화·고정화된 망상	2. 새로운 망상 3. 지각장애와 관련된 망상 반응
항목 5: 행동의 변화	0. 변화 없음 1. 평상시와 조금 다르다	2. 뚜렷한 운동 흥분 3. 격렬한 움직임이나 공격 또는 강한 제지
항목 6: 인지력 (주의, 기억, 지남력 등)	0. 인지장애 없음 1. 불안, 통증 등에 근거한 가벼운 주의력장애	2. 한 영역만 장애 3. 여러 영역의 장애 4. 검사 불능
항목 7: 신체적 원인	0. 인정되지 않음 1. 의심스러운 요인이 있음.	2. 분명한 요인이 있다.
항목 8: 수면주기장애	0. 장애 없음 1. 낮에는 경면과 야간 수면의 분리 2. 분명한 경면과 야간 불면	3. 각성 자극에 저항하는 경면 4. 혼미, 혼수 상태
항목 9: 감정의 기복	0. 인정되지 않음 1. 약간의 기분 변화	2. 분명하고 급격한 감정 변화 3. 격렬하고 폭발적인 감정 변화
항목 10: 증상의 변화	0. 낮에 확인되며 증상은 안정 1. 밤에 악화된다	2. 증상 변화가 일정하지 않음
		득점 합계 / 32점

(출처) 高橋三郎: 老年期痴呆の周辺症状; せん妄. 老年期認知症, 7:185-194(1994).

치매케어의 효과는 수치 변화로 나타나지 않는다. 또한 단기간에 표정이나 행동이 변하는 것도 아니다. 케어한지 1년이 지나고 나서야 「약간 온화한 표정을 지었다」, 「살짝 미소가 보인다」고 하는, 앞서 말한 평가 척도가 잡아낼 수 없는 효과(변화)가 현실에서는 있을 것이다. 이것이 치매인에 대한 케어의 본질일지도 모른다. 다시 말해, 각종 척도는 어디까지나 그 사람의 현재 상태를 알기 위해, 그리고 그 사람이 지닌 능력을 유지하는 기준을 제시하기 위한 것임을 새삼 깨닫게 된다. 그 척도에서 찾아내야 하는 것은 대상자의 개별성을 끌어내는 것이며, 반대로 척도로 평가한 결과를 그 사람의 개별성으로 파악하는 케어 제공자의 능력일 것이다.

대상자의 현재 능력을 최대한 유지하면서 그 사람의 삶의 질을 높이는 것이 치매케어의 과제라고 한다면, 평소에 여러 가지 척도를 활용하고, 그 결과를 바탕으로 반복적으로 케어를 재검토하는 자세가 반드시 필요하다. 초기에 상담할 때나 케어플랜을 책정할 때, 평가에서부터 3개월 이후의 모니터링·케어 컨퍼런스, 정기적 평가 등을 계속 해야 한다. 그리고 케어 효과에 대해 조급해하지 말고, 지속적으로 케어하고, 장기간에 걸쳐 어세스먼트 척도를 활용하고, 척도의 조합에도 신경을 써야 한다. 「치매 진단 척도」로는 파악할 수 없는 「그 사람이 살아온 시간」을 소중히 여기고, 표정·언행을 통해 「평온한」 시간을 감지(평가)하는 것도 중요하다. 대상자 생활 전반의 방향성을 다각적인 관점에서 파악하는 것, 즉 여러 전문 직종의 참여와 팀 어프로치가 필요하다는 것은 말할 것도 없다. 이러한 어세스먼트 척도들은 다양한 현장에서 시범적으로 활용되고 있는 경우가 많다. 하지만 아직은 다른 직종들까지 공통적으로 활용하고 있는 것은 아니다. 따라서 척도의 중요성과 필요성이 인식되어 다양한 상황에서 많은 시도가 이루어지고, 거듭되는 시행착오를 통해 다듬어져서 케어 현장에서 실제로 활용될 수 있기를 기대한다.

제5장

치매의 어세스먼트
·
케어플랜과 실천

Dementia Care Textbook

Ⅰ. 치매케어를 위한 어세스먼트

Ⅱ. 치매인에 대한 케어플랜

Ⅲ. 치매케어의 실천

DEMENTIA CARE
TEXTBOOK

I 치매케어를 위한 어세스먼트

치매인이나 가족 등 주변 상황을 관찰하고, 수집한 정보를 통합하여 판단하는 것을 어세스먼트assessment라고 한다. 어세스먼트를 통해 치매인의 개별 과제를 찾아내고 케어플랜을 세울 수 있다. 그 사람에게 맞는 케어플랜을 세우려면 그 사람에게 맞게 어세스먼트 하는 것이 중요하다. 또한 치매인이나 가족의 바람을 수용하면서 어세스먼트를 해야, 치매인이나 가족에게 맞는 케어플랜을 세울 수 있다.

1. 어세스먼트를 할 때 주의할 점

1) 어떤 행동의 원인을 치매나 행동·심리 증상BPSD으로 단정하지 않는다
- 원인은 한가지가 아니다. 다양한 원인에 대해 생각한다.

치매에 걸리면 기억력과 판단력이 떨어진다. 때문에 지금까지 할 수 있었던 일에 도움이 필요하게 되거나, 언뜻 이해할 수 없는 행동을 하는 경우가 있다. 치매는 뇌의 기질적 장애이기 때문에 인지기능의 저하는 막을 수가 없다. 하지만 하지 못하게 된 것이 정말 치매 때문일까? 다른 원인이 있는 것은 아닐까? 치매인은 대부분 노인이기 때문에 노화로 인한 변화나 불사용 위축 등 치매 이외의 질환 때문에도 할 수 없는 일이 많아진다. 또한 환경이 부적절한 경우, 치매인이 지닌 능력을 잘 활용하지 못하게 되어, 언뜻 할 수 없는 것처럼 보이는 경우도 있다. 다른 이유로 할 수 없게 되었는데도, 「치매가 원인」이라고 단정해 버리면 「치매니까 어쩔 수 없다」고 포기해 버리기 쉽다. 포기하게 되면 그 사람에게 맞는 대응 방법을 생각하지 못하게 되고, 해결할 수 있는 문제인데도 단념해버리거나 그 사람이 지닌 능력을 활용할 수 없게 된다.

(1) 말이나 행동의 이유를 생각한다
치매인의 말과 행동은 언뜻 이상하게 보일 수 있다. 하지만 우리와 마찬가지로 치매인의 행동이나 말에는 이유가 있다. 그럼에도 불구하고 치매인의 말과 행동을 증상에 끼워맞춰버리는 경우가 있다.

예를 들어, 집에서 나와 밖을 헤매고 있는 치매인이 있다고 가정해 보자. 치매의 행동·심리증상BPSD 중 하나인 「배회」라고 생각할 수 있지만, 방황하는 데는 그 나름의 이유가 있다. 치매 때문에 헤매고 있는 것은 아니다. 산책을 가고 싶은데 어떻게 해야 할지 모른다거나, 집에 돌아가고 싶은데 길을 잃었다거나, 어떤 물건이나 사람을 찾고 있다거나, 가고 싶은 곳이 있는데 거기에 갈 수 없다는 등의 이유를 생각할 수 있다. 이런 이유 외에도 집에서 기분나쁜 일이 있어서 집을 나왔다거나 단순히 스트레스 해소나 운동을 하기 위해 서성이고 있었을 수도 있다.

이처럼 우리가 볼 때는 「배회」로 치부해버리기 쉬운 행동이라도, 치매인에게는 나름의 이유가 있다. 「배회」, 「BPSD」라고 단정해 버리면 케어자는 「치매니까」라며 더 이상 생각하지 않게 되고, 그 다음 케어로 연결시킬 수 없게 된다. 반대로 행동의 원인을 밝히면 그 원인에 맞게 대응(케어플랜)을 할 수 있다.

어떤 물건을 찾기 위해 서성이고 있다면 함께 찾아보자고 하거나, 물건을 찾음으로써 배회 행동은 사라지게 된다. 이렇듯 행동의 원인을 파악하게 되면 적절한 케어로 이어지게 되고, 결과적으로 치매인은 평온한 생활을 되찾게 된다.

(2) 개인생활사와 BPSD의 관계

치매인이 살아온 과정(개인생활사, life history)은 어세스먼트나 케어에 있어서 중요한 힌트가 된다. 치매 증상, 특히 BPSD는 개인생활사의 영향을 크게 받는다. 예전에 화분의 흙을 먹는 치매인을 만난 적이 있다. 이 사람은 오랫동안 농사일을 해왔다. 얼핏보면 「흙을 먹는다=이식$_{BPSD}$」이라고 생각할 수 있지만, 가족에게 물어보니, 농사를 지을 때 흙맛을 보면서 흙 속의 영양분을 확인했다는 것을 알게 되었다. 흙을 먹는 행동은 치매 때문이 아니라 과거의 습관(개인생활사) 때문이었던 것이다. 이 사람의 개인생활사를 몰랐다면 치매 때문에 먹을 것과 못 먹는 것을 구별하지 못하게 되었다고 속단해 버렸을 것이다. 이처럼 개인생활사는 치매인을 어세스먼트 하는 데 꼭 필요하고 중요한 정보이다.

(3) 신체 상태의 변화도 큰 원인일 수 있다

치매인은 대부분 노인들이다. 나이가 들면 심신의 기능이 저하되고 예비력이나 면역력, 적응력, 회복력이 저하된다. 그래서 노인은 사소한 것으로도 병에 걸리기 쉽다. 게다가 질병의 증상이 젊은 사람들과 달리 비정형적인 경우가 많다. 회복력도 떨어지기 때문에 질병을 치료하는 과정에서 만성화 되는 등 회복이 더디다. 또한 질병, 혹은 치료를 위해 병상에 눕는 상태가 되면 불사용 위축이나 합병증도 쉽게 나타나게 된다. 합병증이 생기면 회복은 더 늦어진다. 이처럼 노인은 신체증상이 쉽게 악화됨에도 증상이 비정형이기 때문에 주변 사람들이 신체증상의 악화를 알아채기가 어렵다. 몸 상태가 좋지 않다는 것을 알게 되었을때는 이미 증상이 상당히 진행되어 있는 경우가 많다.

치매, 특히 알츠하이머형 치매와 혈관성 치매는 생활습관병과 깊은 관계가 있다고 알려져 있다. 다시 말해 치매인에게 생활습관병도 있을 가능성이 높다. 따라서 생활습관병을 제대로 조절하지 않으면 악화되거나, 생활습관병 때문에 뇌경색이나 심근경색 등이 발병하기 쉽다.

이렇듯 치매인의 상태는 쉽게 악화될 수 있다. 더구나 치매로 측두엽에 장애가 생기면 실어증이 나타난다. 제대로 말이 나오지 않고, 단어를 생각해내지 못하거나 이해하지 못한다. 그래서 자신의 의사를 다른 사람에게 표현하지 못하게 되고, 다른 사람이 말하는 내용도 잘 이해하지 못한다.

이와 마찬가지로 뇌의 기질적 장애로 인해 실인증도 나타난다. 실인증이란 시각 기능이 정상임에도 불구하고 시각으로 파악한 것을 뇌에서 인식하지 못하는 증상이다. 실인증 중에는 자신의 신체 부위를 인지하지 못하는 신체부위 실인증이 있다. 신체부위 실인증이 생기면 통증이 있어서 신체 어느 부위가 아픈지 파악하지 못한다.

또한 인지기능과 함께 판단능력도 저하되기 때문에 질환이나 증상을 예방하지 못하며, 가벼운 질환이나 증상에도 스스로 대처할 수 없게 된다. 예를 들어, 여름에 기온이 높아지면 우리는 실내온도를 조절하거나 물을 자주 마시는 등 열사병 heat stroke 을 예방하는 행동을 한다. 하지만 치매인은 이와 같은 예방 행동을 하지 못한다. 가벼운 열사병 증상이 있을 때도 자신이 열사병인 것을 인지하여 휴식을 취하거나 머리나 겨드랑이를 식혀 체온을 내리고 물을 마시는 등의 대처 행동을 하지 못한다. 주변 사람들이 열사병인 것을 알아차리고 바르게 대처하지 않으면 증상은 악화된다.

이처럼 치매인은 의사소통 능력이 저하되고, 신체부위 실인증 등으로 환부를 파악하지 못하게 되어 질환이나 증상에 대한 예방이나 대처 행동을 하기가 어렵다. 신체 상태의 변화를 다른 사람에게 표현하지 못하게 되었을 때, 주변 사람들이 치매인의 상태를 알아차리지 못하면 증상은 쉽게 악화된다.

이렇게 악화된 몸 상태는 BPSD가 나타나는 원인이 된다(『치매케어 텍스트북 제1권 기초』 참조). 왜냐하면 통증이나 권태감, 불쾌감에 스스로 대처할 수 없기 때문이다. 그리고 자신의 증상을 정확하게 표현할 수 없기 때문에 적절한 지원을 받기까지 시간이 걸린다. 증상이 장기화 되거나 악화되면 정신적으로 스트레스를 받게 되고, 폭언이나 폭력 등의 BPSD가 나타나게 된다. 치매는 천천히 진행되는 질환이기 때문에, 갑자기 치매가 악화된 것처럼 보일 때는 어떤 질병으로 몸 상태가 악화되어 BPSD가 나타난 것은 아닌지 주의 깊게 살펴봐야 한다.

2) 할 수 없는 것(도움이 필요)만 보지말고, 할 수 있는 것(잔존 능력)에 주목한다

치매인은 여러 가지 것에 어려움을 겪기 때문에 도움이 필요하게 된다. 때문에 케어자는 할 수 없게 된 부분에만 관심을 쏟는 경향이 있다. 하지만 치매라고 해도 각각 원인 질환이 다르기 때문에 나타나는 증상도 다양하다. 따라서 한 사람 한 사람을 세심하게 관찰하여, 무엇을 할 수 있고 무엇을 할 수 없는지 잘 판단해야 한다. 치매인을 케어할 때는 할 수 없는 것은 돕되, 할 수 있는 것은 지켜보거나 함께 하도록 해서 그 사람의 잔존 능력을 활용할 수 있게 케어하는 것이 중요하다. 과잉 케어로 잔존 기능이 저하되지 않도록, 가능한 것과 불가능한 것을 정확하게 파악(어세스먼트)해야 한다. 또한 할 수 없게 된 원인을 꼼꼼하게 찾는 것 역시 어세스먼트이다. 위에서 「어떤 행동의 원인을 치매나 BPSD로 단정하지 않는다」라고 말한 것처럼, 할 수 없게 된 원인을 치매 때문이라고 속단하지 말아야 한다. 그 사람에게 맞지 않는 환경 때문에 할 수 없게 된 경우, 환경을 정비하면 할 수 없었던 것을 할 수 있게 된다. 케어자가 어떻게 관여하느냐에 따라 치매인이 할 수 있는 것이 많아진다. 하지 못한다고 단정하지 말고 어떻게 하면 할 수 있을까를 생각하는 것이 중요하다. 그러기 위해서는 정보를 수집할 때 '치매'라는 질병에 얽매이지 말고 그 사람 자체를 보려는 노력이 필요하다. 또한 케어자의 케어 방식과 그 때의 치매인의 반응을 주의 깊게 관찰하여 성공 체험을 늘리고, 어떻게 하면 그 사람이 지닌 능력을 잘 발휘할 수 있을지 어세스먼트 해야 한다. 치매는 느리지만 어쨌든 진행되는 질환이다. 또한 대부분 노인이기 때문에 노화에 따라 일상생활동작ADL도 점점 저하된다. 따라서 지금은 할 수 있지만 나중에는 할 수 없게 될 가능성이 높다. 할 수 있는 기간을 최대한 길게 유지하는 것은 치매인이 그 사람답게 생활하는 것으로 이어진다. 때문에 어떻게 하면 잔존 능력을 유지할 수 있을지를 생각해야 한다.

가장 중요한 것은 치매인에게 어떤 능력이 있는지 주의 깊게 관찰하는 것, 그 능력을 발휘할 수 있도록 어떻게 관여할 것인지, 어떤 케어가 필요한지 계속 생각하는 것, 그 사람에게 맞게 환경을 정비하는 것, 그리고 치매인의 능력을 끝까지 믿는 것이다.

3) 어세스먼트 도구를 활용한다

치매는 진행성 질환이기 때문에 정기적으로 어세스먼트 도구를 통해 평가하면 치매의 진행 상태나 ADL 변화를 객관적으로 파악할 수 있다. 또한 시설 등에서 케어자가 여러 명인 경우에도 어세스먼트 도구를 이용하면 치매인의 변화를 이미지화하기 쉽다는 장점이 있다.

II 치매인에 대한 케어플랜

　케어플랜은 치매인의 심신·사회적 상태와 개인생활사, 환경 요인 등을 자세히 어세스먼트한 뒤에 어떤 케어가 필요한지 쟁점화하고 구체화한 것이다. 케어플랜을 입안할 때는 「어떻게 해야 치매인이 그 사람다운 생활을 할 수 있을까」라는 목표를 세우는 것이 중요하다. 이 목표를 달성하기 위한 케어가 케어플랜의 내용이 된다. 케어플랜은 케어와 관련된 모든 사람이 일관성 있게 케어하기 위한 것이다. 따라서 어떤 케어 제공자가 봐도 한눈에 알아볼 수 있도록 자세하고 정확하게 기재해야 한다.

　또한 치매라 해도 다 같은 증상이 나타나지는 않는다. 질환이나 증상, 생활 모습은 사람마다 다르다. 따라서 개개인에게 맞고 개별성 있는 케어플랜을 입안해야 한다.

1. 케어플랜을 입안할 때 중요한 것

1) 치매인과 가족의 희망사항

케어플랜을 입안할 때 가장 중요한 것은 케어를 받는 치매인이나 가족의 희망이다. 가족의 희망은 직접 조사할 수 있기 때문에 케어플랜에 반영하기 쉽다. 하지만 치매인의 희망은 좀처럼 케어플랜에 반영하기가 어렵다.

치매에 걸리면 의사소통 능력이 저하된다. 질환에 따라서는 실어증이 나타나 자신의 말을 적절하게 전달하거나 상대의 말을 이해할 수 없게 된다. 때문에 치매이니까 설명해도 알아듣지 못한다고 단정해버리고 의사 결정에서 치매인을 제외시켜 버리는 경우가 있다. 치매이든 아니든 자신과 관계된 중요한 사안은 자신이 결정하는 것이 기본이다. 케어를 받는 사람이 그 내용을 납득하지 못하는 상황이라면 치매인의 존엄이 지켜지고 있다고 볼 수 없는 것이다. 치매가 있어도 이해할 수 있게 설명하는 방법을 고민해야 한다. 또한 치매인이 자신의 생각을 전달하지 못하는 상태라면 그 생각을 읽어 내는 것이 중요하다. 케어 제공자는 치매인의 표정이나 몸짓, 행동에서 의중을 짐작할 수 있게 노력해야 한다. 이렇게 해서 치매인의 의사를 반영한 케어플랜을 입안하는 것이 필요하다.

2) 몸 상태 관리도 중요한 케어플랜

앞서 말했듯이 치매인은 몸 상태가 쉽게 변화하기 때문에 컨디션이 악화되어도 제대로 전달하기가 어렵다. 따라서 케어자는 치매인의 몸 상태를 잘 관리해야 한다. 그러기 위해서는 치매인을 평소에 꼼꼼하게 관찰하여 정상적인 상태를 잘 파악하고 있어야 한다. 그렇게 되면 「평소와 다른」 이상 상태를 일찍 알아차릴 수 있게 된다.

3) 치매인의 잔존 능력을 끌어내고, 할 수 없는 부분만 도움

케어플랜을 입안할 때는 치매인의 잔존 능력에 주목하여 그 사람이 할 수 있는 것을 끌어내는 것이 중요하다. 따라서 치매인이 능력을 발휘할 수 있도록 환경을 정비해야 한다. 케어플랜을 작성할 때에는 치매인에게만 초점을 맞출 것이 아니라, 주변 환경에도 관심을 가져야 한다. 환경이란 건물과 같은 외형적인 것뿐만 아니라 케어를 제공하는 사람까지 포함하는 개념이다. 케어를 시작할 때 말을 건네는 방식 하나만 바꿔도 치매인이 능력을 발휘할 수 있고 변할 수 있다. 따라서 케어플랜에서는 어떻게 말을 걸 것인지, 어떤 상태일 때 얼마나 케어할 것인지 등 모든 케어 제공자가 일관성 있게 케어할 수 있도록 자세하게 기재해야 한다.

4) 개인생활사 활용

개인생활사가 치매인이 말하고 행동하는 원인의 상당부분을 차지한다는 것은 앞에서도 언급한 바 있다. 이렇듯 개인생활사는 어세스먼트 뿐만 아니라 다양한 곳에 활용할 수 있다. 오랫동안 농사를 지었던 치매인의 개인생활사를 반영하여 채소나 식물 가꾸기를 레크리에이션으로 연결하면 그 사람에게 즐거움이나 만족감을 줄 수 있다. 또한 매일 화분에 물주기 등의 역할을 주어 생활의 의욕을 북돋울 수 있다. 식사 때 계절이나 제철 채소에 대한 이야기를 나누면 식사시간이 좀 더 즐거워지고, 식욕도 자극할 수 있다. 또한 비약물 요법의 일종인 원예치료를 통해 정서가 안정되는 효과도 있다.

또한 일상생활 케어에도 개인생활사를 활용할 수 있다. 남성 치매인을 화장실로 유도했는데, 좌변기에 앉지 못하는 경우가 있었다. 유도 방법에 문제가 있었는지 생각하고 있었는데, 배우자를 통해 자택에서는 소변기를 사용했다는 것을 알게 되었다. 그래서 좌변기에 앉지 않을 때는 소변기로 유도했더니 스스로 소변을 보게 되었다. 이 정보를 케어플랜에 넣자 요실금 횟수가 줄어들었다. 이처럼 개인생활사를 케어플랜에 활용하면 그 사람을 효과적으로 또한 개별성 있는 케어를 할 수 있게 된다.

5) 생활리듬 바로잡기

치매인은 생활리듬이 무너지기 쉽다. 지남력 장애로 지금이 몇 시인지, 얼마나 지났는지 잘 느끼지 못한다. 또한 치매 때문에 할 수 없는 것이 많아지면 활동 의욕도 저하된다. 스스로 할 수 없다는 것, 또는 자신의 상태가 달라졌다는 것을 어렴풋이 느끼는 경우가 많기 때문에 자존심을 지키기 위해 외출 빈도나 활동 기회도 줄어들게 된다. 또한 증상이 진행되면 외출할 때 누군가 도와주지 않으면 외출을 할 수 없게 된다. 따라서 예전에 하고 있었던 일이나 취미나 활동을 계속하기가 어려워진다. 사람에 따라서는 기존의 일이나 역할을 수행할 수 없게 되어 결과적으로 직업이나 역할을 상실하는 경우도 있다. 더구나 치매인의 대부분이 노인이기 때문에 배우자나 지인의 질병, 죽음 등으로 교류의 기회는 점점 줄어든다.

또한 치매 이외에 건강상의 문제로 활동하기 어려운 경우도 있다. 활동 기회가 줄어들면 햇빛을 받는 시간도 적어지기 때문에 수면 시스템이 제대로 작동하지 않게 된다. 특히 노인은 심부체온이 완만해지고 멜라토닌 분비가 저하되어 수면 장애가 일어나기 쉽다.

따라서 활동과 수면이 균형을 이루게 하여 밤낮이 바뀌지 않고 긴장감 있는 하루를 보낼 수 있도록 하는 지원이 중요하다. 생활리듬은 식사나 배설, 목욕 등 일상생활에 필수적인 요소들을 기본으로, 레크리에이션, 다른 사람과의 교류 등을 균형 있게 배치하여 심신에 적당한 자극을 받으며 하루를 보낼 수 있도록 계획해야 한다.

또한 지남력 장애로 인해 계절을 감각하기 어렵기 때문에 레크리에이션에 계절을 느낄 수 있는 내용을 담거나 때로 절기와 관련된 행사를 하는 것도 바람직하다. 산책하면서 바깥바람을 쐬는 것도 계절감을 느끼는 데 도움이 되며, 식물을 보면서 과거를 떠올릴 수 있게 자극하고, 의욕을 불러일으키기도 한다.

6) 역할 부여

치매인이라도 할 수 있는 것이 있다는 것은 앞에서부터 계속 설명해왔다. 치매인은 할 수 없게 된 자신을 인식하고 있다. 때문에 의욕과 자신감을 잃어버리기 쉽다. 그런 와중에 「나에게도 할 수 있는 일이 있다, 다른 사람에게 도움이 된다」는 사실은 매우 큰 자극이 된다. 역할을 주는 것은 「다른 사람에게 도움이 된다」는 것으로 연결되고, 치매인의 자존감을 높여주어 불안감을 줄여주고 의욕을 북돋울 수 있다. 역할을 줄 때 중요한 것은 실패 경험이 되지 않도록 그 사람의 능력을 정확하게 판단하는 것이다. 그리고 실제로 역할을 완수했을 때는 다른 사람들에게 도움이 됐다는 것을 실감할 수 있도록 관여한다. 역할을 정할 때에도 개인생활사를 활용하면 좋다. 그 사람이 잘하는 것과 오랫동안 해오던 일은 개인생활사를 통해 평가할 수 있다. 예를 들어, 오랫동안 농사를 짓던 사람은 채소나 식물에 관한 지식이 풍부하다. 이 지식을 바탕으로 채소나 식물 재배 방법을 가르치거나 실제로 물주기 등의 역할을 정해준다. 물을 주고 돌봐주어서 잘 자란 채소를 수확하면서 「〇〇씨가 키운 채소라서 그런지 훌륭하네요」라고 이야기하면 그 사람은 기쁨을 느끼게 되고 자존감도 충족될 것이다. 또한 매일 물주기를 통해 그 사람의 생활리듬을 바로잡을 수 있을 것이다. 물을 주기 위해 물을 떠오거나 걷는 등 몸을 움직이는 기회가 되어 ADL도 유지할 수 있게 된다. 이렇게 역할을 주는 것은 자존감의 충족뿐만 아니라 생활리듬과 ADL 유지에도 도움이 된다.

치매케어의 실천

치매인의 정보를 수집하고 어세스먼트하여 케어플랜을 입안한다. 이 케어플랜을 바탕으로 실천을 거듭하게 된다. 케어를 실천할 때는 치매인의 반응과 케어로 인한 영향을 주의 깊게 관찰하여 기록으로 남기는 것이 중요하다. 그리고 축적된 케어 내용을 되짚어보면서 그 사람에게 맞는 케어플랜이 될 수 있도록 계속 내용을 추가하거나 수정한다.

1. 케어할 때 중요한 것

1) 치매인의 존엄을 지킨다

치매인은 지금까지 해왔던 것들을 점점 할 수 없게 된다. 하지만 치매가 되었다고 해서 모든 일에 도움이 필요한 것은 아니다. 또한 치매에 걸렸다고 아이로 돌아가는 것도 아니고, 지금까지 삶을 살아온 한 사람의 인간으로서 존중받아야 마땅하다. 따라서 경의를 표하는 대응이 요구된다.

치매라는 진단명이 붙으면, 「아무것도 할 수 없는 사람, 아무것도 모르는 사람」이라고 단정해 버리는 경향이 있다. 치매인은 암환자들과 마찬가지로 치매라는 질병에 걸렸을 뿐이고, 치매에 걸렸다고 해서 지금까지의 인생이나 인격을 부정할 수는 없다. 우리와 마찬가지로 생각을 지닌 한 사람이다. 따라서 치매라는 질환을 보지 말고, 그 사람 자체를 바라보는 것이 중요하다. 그리고 케어를 제공할 때 「만약 나라면 어떤 생각이 들까, 나는 어떤 케어를 받고 싶은가」라고 입장을 바꾸어 생각하는 것도 중요하다.

2) 치매인의 정서가 안정될 수 있게 케어한다

치매에 걸렸다고 해서 아무것도 모르는 사람이 되는 것은 아니다. 기억력과 판단력은 저하되지만 감정은 끝까지 남아 있다. 어떤 일 때문인지는 잊어 버려도 기쁘고 즐거웠던 그 순간의 감정은 남아 있다. 반대로 불쾌한 기분이나 불쾌한 감정이 남을 수도 있다. 따라서 「치매니까 모를꺼야」라며 거칠게 대응하거나 케어하면 치매인의 마음속에 불쾌한 감정이 일어나 BPSD로 나타나기도 한다.

3) 천천히 관여하고 가능하다면 함께 한다

치매에 걸리면 판단 능력과 이해력이 저하되기 때문에 우리와 같은 속도로 일을 하면 혼란을 느낄 수 있다. 어떤 사람은 혼란스러워지면 흥분하는 경우도 있다. 사람마다 자기 페이스가 있듯이 치매인에게도 그 사람에게 맞는 페이스가 있다. 따라서 재촉하지 말고 개인에게 맞는 페이스로 평온하게 대응해야 한다.

또한 일련의 과정 속에 할 수 있는 부분과 할 수 없는 부분이 나타나게 되는데, 그

때 빨리 해결하기 위해 처음부터 끝까지 도와주는 것이 치매인이나 케어자나 서로 편하다고 생각할지도 모른다. 하지만 치매인도 어떻게 행동해야 할지를 생각하고 있을 수도 있다. 생각해봐도 어떻게 해야 할지 몰라 행동하는 데 시간이 걸리는 것인지도 모른다. 치매인이라도 자신이 뭔가를 하려는데 케어자가 미리 손을 써버리면 불쾌한 감정을 느낄 수도 있다. 따라서 할 수 있을지도 모르니 잠깐 기다리면서 지켜보고, 함께 실시하는 등, 스스로 할 수 있다고 치매인이 생각할 수 있도록 관여하는 것이 중요하다.

이러한 사항을 염두에 두고 다음 사례를 기초로 어세스먼트, 케어플랜 입안, 실천에 대해 고민해보자.

【 사례 소개 】

〈 A씨 〉 100세(여성)

A씨는 자그마한 체구의 100세 치매 여성이다. 60대 아들과 둘이 살고 있으며, 평소에는 아들이 집에서 케어를 한다. 겨울을 나기 위해 11~4월까지만 시설에 입소하였다. 흡인성 폐렴으로 여러 차례 입원한 적이 있지만 그 밖에 다른 질병은 없다. 먹고 있는 약도 없다. 휠체어를 이동하고 있지만 난간 등을 잡고 서 있을 수 있고, 짧은 거리는 보행이 가능하다. 등이 굽어서 몸이 앞으로 기울어져 있고 휠체어를 탈 때 몸이 오른쪽으로 기우는 경향이 보인다. 마비나 구축 등은 보이지 않는다. 식사로는 부드러운 한 입 크기의 반찬과 주먹밥을 먹고 있다. A씨는 오른손잡이지만 식사 때는 왼손을 사용하며, 수분이 있는 음식은 걸쭉한 상태여야 한다. 정신적으로 안정된 상태이지만, 가끔 「빨리 집에 가고 싶어」라며 우는 모습이 보였다. 난청이 있지만 정면에서 정확한 입모양

으로 천천히 말을 걸면 알아들을 때가 많다. 케어를 할 때 가끔 거부감을 보이며 「내버려 둬, 뭐하는 거야」라고 소리를 지르기도 한다.

아들은 이틀에 한 번 정도 면회를 왔고, 면회 때 보행보조차로 걷기 훈련을 하거나, 가져온 바나나나 단팥빵 등의 간식을 함께 먹었다. 단팥빵은 예전부터 A씨가 좋아하던 음식으로, 녹차에 적셔 먹으면 잘 먹을 수 있다.

입소할 때 아들은 「넘어지지 않게 주의해 주세요」라고 특별히 부탁을 했다.

[A씨에 대한 어세스먼트]

① A씨는 노화와 잦은 입원으로 근력이 약해져서 장거리 보행은 어렵고 휠체어를 사용한다. 또한 노화에 의한 추체연골(허리 디스크)의 퇴행으로 척추후만증이 있고, 근력 저하로 자세를 유지하지 못해 몸이 기울고 있다. 따라서 허리가 굽은 자세에서 앞쪽으로 넘어지거나 몸이 흔들리면 균형이 무너지기 때문에 혼자서 보행하기는 어렵다. 낙상을 예방하려면 이동할 때 반드시 옆에서 도와주어야 한다.

② 아들이 「넘어지지 않게 주의해 주세요」라고 부탁을 했다. A씨는 여성이며 연령적으로도 골다공증을 앓고 있을 것으로 추정된다. 그래서 넘어지면 골절되어 입원할 가능성이 높다. 흡인성 폐렴으로 입원한 경력도 있어서 아들은 입원으로 ADL이 저하되는 것을 걱정하고 있을 것이다. 서 있는 자세를 유지하지 못하게 되면 앞으로 자택에서 A씨를 케어하며 함께 사는 것이 어려워진다. 집에서 함께 살기 위해 아들은 면회를 올 때마다 A씨에게 걷는 훈련을 시켜서 이동 능력 저하를 예방하고 있다. 「빨리 집에 가고 싶어」라며 울고 있는 A씨의 모습만 봐도, 집에서 아들과 함께 사는 것이 A씨다운 생활이라고 생각한다. 따라서 낙상을 예방하는 동시에 현재의 ADL이 저하되지 않도록 케어하는 것이 중요하다.

③ A씨는 식사를 할 때 왼손을 사용하며, 음식을 손으로 집어먹는다. 이것은 치매로

인한 실행증으로 젓가락이나 숟가락 등의 사용법을 이해하지 못하기 때문일 수 있다. 하지만 A씨가 식사를 할 때는 휠체어에서 몸이 오른쪽으로 기울어져 있다. 이것은 A씨가 작은 체구인데 일반 사이즈의 휠체어를 사용하고 있어서 좌우에 틈이 생겨 척추후만증과 노화에 의한 근력 저하로 몸이 오른쪽으로 기울어지는 것이라고 생각한다. 몸이 오른쪽으로 기울면 오른팔이 휠체어 팔걸이와 몸 사이에 끼어 테이블 위로 오른팔을 들어올리기 어렵다. 또한 A씨는 체구가 작아서 식탁이 높게 느껴질 수 있다. 따라서 식탁 위로 올리기 편한 왼손을 사용하게 되고, 몸은 오른쪽으로 더 기울어져 오른팔을 움직이기가 더 어렵게 된다. 따라서 A씨에게 맞게 환경을 조정하여 오른팔을 식탁 위로 쉽게 올릴 수 있게 해주고, 젓가락이나 숟가락을 써서 식사를 할 수 있을지 검토한다. 원래는 의자에 앉아서 식사하는 것이 바람직하지만 팔걸이가 없는 의자에서는 오른쪽으로 기울어져 낙상할 가능성이 높다. 또한 팔걸이가 있는 의자는 접이식 식탁과 높이가 맞지 않기 때문에, 휠체어에 앉아서 식사를 하는 것이 A씨에게는 더 편할 것이라고 생각한다. 환경을 바꿔주어도 음식을 손으로 집어먹는다면 확실히 치매로 인한 실행증 때문일 것이다.

④ A씨는 노화와 잦은 입원으로 인해 연하와 관련된 근력도 저하되고 있다. 그래서 흡인성 폐렴이 되풀이되고 있다. 또한 척추후만증으로 위장이 압박을 받기 쉽고, 위의 내용물이 역류하기 쉬운 것도 흡인성 폐렴의 원인일 수 있다. 현재의 식사와 아들과의 간식을 즐기려면 흡인성 폐렴을 예방하는 것이 중요하다.

⑤ A씨는 난청이라서 케어자의 말을 알아듣지 못하는 경우가 있다. 케어자의 설명을 이해하지 못한 상태에서 케어를 하게 되면 A씨는 불안과 공포감을 느끼게 될 것이다. 그래서 케어를 할 때 거부하는 것이라고 생각한다. 정면에서 말하면 알아듣는 경우도 많기 때문에 A씨를 케어하려 할 때는 마스크 등을 벗고 입을 크게 움직여서 설명을 하도록 한다. 또한 경우에 따라서 비언어적 의사소통이나 글로 써서 보여주기 등을 활용한다.

[A씨의 생활 전반에서 해결해야 할 과제needs]
① 낙상을 예방하고 일상생활에서 서 있는 자세나 보행을 시도하여 현재의 이동 능력을 저하시키지 않는다(어세스먼트 ①, ②).
② 흡인성 폐렴을 일으키지 않고, 식사를 즐길 수 있다(어세스먼트 ③, ④로부터).
③ 난청으로 케어자의 말을 알아듣기 어렵지만, 이해할 수 있게 하여 평온하게 케어를 받도록 한다(어세스먼트 ⑤).

[A씨에 대한 케어플랜]
케어플랜은 모든 과제에 대해 입안해야 하지만 여기서는 과제 ②에 대해서만 예시로 입안하도록 한다.

② 흡인성 폐렴을 일으키지 않고, 식사를 즐길 수 있다.
- 장기 목표 : 흡인성 폐렴을 일으키지 않는다.
- 단기 목표 : 현재의 식생활 형태를 변경하지 않고 자력으로 식사를 하도록 한다.

❶ 식사를 할 때는 가장 낮은 높이의 접이식 식탁을 사용한다. 발바닥은 바닥에 붙인다.
❷ 식사를 할 때는 오른쪽에 베개를 대주어 자세를 바르게 하고, 오른팔을 접이식 식탁 위로 올린다.
❸ 수분이 있는 음식은 점성이 있게 한다(약간 걸쭉하게 스프처럼).
❹ 식사하는 모습을 관찰하면서 손으로 집어 먹는 경우에는 젓가락을 잘 보이는 곳에 둔다.
❺ 식사 후에는 반드시 구강케어를 한다(의치를 뺄 때는 입술을 손가락으로 톡톡 두드리면 쉽게 알아듣는다).

❻ 식후 1시간 정도 앉아 있도록 한다.

❼ 아들이 왔을 때 어떤 간식을 먹고 있는지 확인한다(바나나나 단팥빵은 괜찮지만, 그 이외의 것은 섭취 상황과 함께 기록으로 남긴다).

❽ 간식을 먹을 때 평소와 다른 상황이 있었고, 전달해야 하는 사항이면 아들에게 설명한다.

[케어의 실천과 모니터링]

케어플랜 ❶, ❷를 실시한 결과, A씨는 오른손으로 젓가락을 사용해서 식사하기 시작했다. 또한 왼손으로 접시를 잡게 되어 음식물을 그릇에 남기는 일이 없어졌다.

이 사실을 통해 A씨가 음식을 손으로 집어먹었던 이유가 치매로 인한 실행증이 아니라, 자세가 흐트러지면서 오른팔을 식탁 위로 올리지 못했던 것과, A씨에게 맞지 않는 휠체어나 식탁 높이 등의 환경 때문인 것으로 판명되어, 케어플랜 ❶, ❷는 계속하기로 했다.

케어플랜 ❸을 실시한 결과, 수분 때문에 숨 막혀하는 모습은 나타나지 않았다. 또한 발열 등 신체 변화도 나타나지 않았고, 매끼 식사를 모두 잘 먹고 있다. 앞으로도 당분간은 농도를 약간 걸쭉하게 스프 상태로 만들어 주면서 상황을 지켜보고, 가능하면 영양사나 언어치료사와 상담하여 농도를 약간 묽게 할 수 있는지 검토해야 한다.

구강케어에 관해서는 케어플랜 ❺를 실시한 결과, 스스로 의치를 빼서 케어자에게 건네주게 되었다. 입술을 손가락으로 톡톡 두드리는 것이 의치를 빼는 신호인 것을 A씨가 인식했다고 생각한다. 이 방법으로 큰 혼란 없이 케어를 할 수 있기 때문에 계속할 것이다.

Dementia Care Textbook

제6장

치매인에 대한 재택지원

Ⅰ. 재택지원에서 치매인 본인을 어떻게 대할까?

Ⅱ. 재택케어를 하는 케어가족

Ⅲ. 재택지원에서 지역과 어떻게 협력할 것인가

Ⅳ. 다양한 재택케어 형식과 지원 방법

Ⅴ. 치매인에 대한 재택지원의 다양성

Ⅵ. 재택케어의 한계

DEMENTIA CARE
TEXTBOOK

현재 일본은 치매와 경도 인지장애까지 포함하면 병적인 「건망증」과 관련된 사람이 전국에 800만 명 정도라고 한다. 일본 전역에서 「치매인」과 더불어 사는 세상을 만들려는 움직임이 일어나고 있는데, 이것은 이제 일반적인 풍경이 되었다. 앞으로 수도권을 비롯한 대도시에서 요양시설이 부족할 것으로 예상되며, 이것은 앞으로 대부분의 사람들을 재택에서 케어해 나가야 한다는 것을 짐작할 수 있게 해준다. 의료·복지·케어 등 모든 영역에서 「재택케어를 어떻게 지원해야 할 것인가」가 최우선 과제라는 것에는 의심의 여지가 없다.

이 책에서는 재택지원에 대한 3가지 관점을 가지고 논하고자 한다. ① 치매인 본인에 대한 지원, ② 가족 케어자에 대한 지원, ③ 지역사회의 지원 등 3가지이다. 지역사회의 지원에서는 과제가 되는 재택지원의 요인과 해결을 위한 대응에 관해서도 검토한다.

I. 재택지원에서 치매인 본인을 어떻게 대할까?

기존에는 케어 가족을 지원하는 데 중점을 두고 있었지만, 2004년 교토에서 개최된 국제 알츠하이머병협회에서 치매인 본인의 이야기[1]가 알려지게 되었다. 그 이후, 치매인을 「아무것도 할 수 없는 사람」이 아니라, 생생한 감성을 가지고 고민과 기쁨을 느낄 수 있는 존재로 이해하게 되면서, 치매인에 대한 지원의 필요성이 대두되었다. 이로 인해 치매인 주변의 누군가가 치매인의 태도를 보고 치매인의 의향을 추측하는 것이 아니라, 치매인 본인의 관점에서 생각하려 하는 사람들이 모여서 2014년 10월에 일본치매워킹그룹을 설립하였다.[2]

치매인의 관점과 함께 중요한 것은 치매케어 전문가 등 주변의 지원자가 퍼슨 센터드 케어를 고려하는 것이다.

1. 퍼슨 센터드 케어

과거에는 치매인을 케어「받기만 하는」사람이라고 생각하여 그 사람의 바람을 따르기보다 케어하는 사람의 사정이나 일의 절차를 중심으로 케어하던 시절이 있었다. 재택지원을 할 때도「지원하는 측」의 입장이 우선시 되었다. 그리고 거기에는 어딘가 모르게 실시하는 쪽의 오만함도 있었다.

하지만 영국의 킷 우드Kitwood T는 케어받는 사람person이나 가족의 마음을 중심centered으로 생각하고 지원자는 그것을 항상 의식하여 케어하는 것이 중요하다는 퍼슨 센터드 케어person centered care를 제창했다. 이는 이제 일본에서도 케어의 중심 개념이 되었다.

하지만 현장에서는 때때로 퍼슨 센터드 케어의 개념을 오해하는 경우가 있다.「치매인이 말하는 것은 절대적이다」라고 생각하여, 어떤 일이든 치매인이 납득하지 않으면 실시하지 않는 것을 퍼슨 센터드 케어라고 오해하는 사람들이 종종 있다. 예를 들어, 치매인은「데이 서비스에 가고 싶지 않다」라는 말을 했고, 가족들은「데이 서비스에 가서 생활리듬을 회복하면 좋겠다」라고 말했다고 가정해 보자. 지원자는「치매인이 데이 서비스를 원치 않으니까 가족들은 아무 말도 하지 말아 주셨으면 좋겠습니다」라고 가족들의 요청을 거절해서는 안 된다. 치매인의 의향만 중요한 게 아니라 가족의 마음이나 치매인에게 필요한 상황까지 고려하여, 어떻게 케어하는 것이 바람직한지 생각하고 지원하는 것이 중요하다.

과거 상담심리 분야에서도 상담을 받으러 온 클라이언트(고객)를 중심으로 하는 것의 중요성이 강조된 적이 있다. 칼 로저스Rogers CR의「클라이언트 중심 요법」이다. 케어 분야에서도「지원받는 측」의 입장이나 기분을 생각하게 되면 케어의 질이 높아진다.

2. 치매인의 마음을 헤아리는 것

병식
병에 대한 인식

치매인을 이해하려 할 때 생각해야 하는 것이 있다. 다 같은 치매인이라 해도 자신이 치매로 인해 기억과 판단력이 저하되었다는 자각이 있는 사람(병식이 있는 사람)과, 자각이 없는 사람(병식이 없는 사람)에 대해서는 재택지원 방식이 각각 다르기 때문이다.

「치매」로 진단을 받은 두 사람이 있다고 가정했을 때 **병식**이 있어서 자신이 처한 상황과 미래에 대한 걱정이 있는 사람과, 같은 진단을 받았어도 병식이 부족한 사람을 비교한다면, 당연히 두 사람을 다르게 대할 것이다.

필자가 소속된 의료기관에서는 수진자의 70% 정도는 자신의 증상에 대한 자각이 있다. 하지만 지역에 거주하는 치매인들의 경우, 병식이 있는 사람은 30% 정도밖에 안 된다. 이 결과를 일반화 시킬 수는 없지만, 일괄적으로 「치매인에게는 병식이 없다」라고 단정짓지 말고, 눈앞에 있는 치매인에게 병식이 있는지 없는지 확실하게 파악하여 케어하는 자세가 중요하다.

병식이 있는 사람이라면 그 사람의 절망감이나 불안감을 줄여주는 것이 중요하다. 「마음에 상처를 받은 사람」이라고 생각하고, 공감하고 경청하는 자세도 필요하다. 뭔가를 잊어버린다는 것을 본인 스스로 느끼는 사람은 「언젠가는 친구나 가족조차 알아보지 못하게 될 수도 있다」라는 공포에 사로잡힌다. 그런 절망감을 느끼는 사람을 케어할 때는 그에 대해 지속적으로 공감하면서 케어해야 한다.

치매케어연구·연수도쿄센터가 개발한 센터 케어방식 중에는 「지금의 내 모습」으로 케어를 받고 있는 사람이 어떤 것을 느끼고 있는지를 지원자가 협력하여 그리는 표가 있다.[3] 이것을 통해 그 사람과 관련된 사람들이 「치매인의 마음 상태」를 알아차리게 되어, 퍼슨 센터드 케어가 보다 세심해진다.

반면, 병식이 없는 사람도 있다. 치매에 걸린 상태에서 병식이 생기는 사람도 있기 때문에 병식의 유무만으로 구분하는 것은 위험하지만, 일반적으로 병식이 없는 사람에 대한 지원에서는 치매인 본인보다는 오히려 그로 인해 힘들어 하고 있는 케어가족을 지원하는 것이 중요하다. 치매인과 가족에 대한 대응은 언뜻 보면 대립하는 것처럼 보일 수도 있지만, 양자에 대한 관점을 잃지 않고 균형 있는 지원을 하는 것이야말로 치매인 본인을 지원하는 밑바탕이 된다.

3. 자신이 치매인 것을 알고 난 뒤 낙인stigma에 대한 배려

치매는 만성적인 뇌의 기질성 질환이다. 경과가 서서히 진행되는 경우가 있는가 하면 빠르게 악화되는 경우도 있어서 증상은 다양하다. 조현병이나 다른 정신질환과 비교했을 때, 치매는 「악화되면 가족 얼굴조차 몰라보게 되는 병」이라는 이미지와, 「주변을 배회하면서도 본인은 깨닫지 못한다」라는 부정적인 이미지가 덧씌워진 경우가 많다. 질환 자체의 과제나 케어의 어려움에 더해서 치매에 대한 낙인(상처의 의미, 심각한 병으로 진단된 것에 따른 부정적인 이미지)이 강해서, 모두가 「절대로 치매에는 걸리고 싶지 않다」라는 생각을 가지고 있다. 이러한 부정적 이미지를 갖게 된 치매인과 가족을 지원하는 마음이 반드시 필요하다.

병식이 있는 사람의 경우, 그 사람의 마음 상태는 이후 치매의 경과와 관계가 있다. 비록 치매라도 안심할 수 있는 환경에서 질병과 마주하게 되면 증상의 악화를 늦출 수 있다. 그 사람의 불안을 잠재울 수 있는지 여부는 병명의 고지나, 그 후의 정기적인 통원, 일상생활을 지원하는 복지·케어직원과의 신뢰 관계가 크게 작용한다.

병식이 있는 사람 중 상당수가 자신을 맡길 곳이 없다는 불안감, 즉 「기댈 곳이 없다」는 말을 습관적으로 한다. 필자가 가진 의료기관 자료(차트) 중에서 초기 단계에서 이러한 불안감을 가진 사람은 100명 중에 70명 정도였다. 기분이 침울하거나 의욕이 없는 것이 20명 정도인 것과 비교해봐도 병식이 있는 경우에는 불안감이 제일 먼저 나타난다는 것을 알 수 있다.

한편,「그래도 나에게는 할 수 있는 것이 있다」라는 자존감이 있는 사람도 40명 정도 있었다. 치매 진단을 받았다 해도 지원받는 입장에만 있는 것이 아니라, 무엇이든 할 수 있는 일을 바라고 추구하는 것은 당연한 것이다. 자존심이 상하지 않도록 하면서 질병에 대해 설명하여 치매인이 이해하도록 하고, 원하는 것을 할 수 있도록 이끌어 주는 케어가 중요하다.

고지 시기도 중요하다. 필자는 그 사람과 첫 만남 때 고지 희망 여부를 확인한다. 원하지 않는데 고지를 들은 사람과 스스로 원해서 고지를 들은 사람을 비교해 보면, 역시 본인이 병명을 알기를 원하고 조금씩 수용하는 과정을 거치는 사람들에게서 치매 악화가 완만하게 나타났다.

4. 치매인에게 남아 있는 힘을 엠파워먼트하기 위하여

1) 일상에 대한 경청의 시간

이제는 앞서 설명한 것에 유의하면서 의료, 복지, 케어에서 어떤 지원을 할 수 있는지에 대해 설명하고자 한다. 가장 먼저 생각해야 할 것은 치매인을 진찰할 때, 치매인이「내 이야기를 들어준다」라고 느끼려면 어느 정도의 시간이 필요한지를 생각하는 것이다. 2011년 6월에 외래 진료자를 대상으로 한 설문에서 질문의 의미를 이해한 뒤에 대답할 수 있었던 246명에게「진료 시간이 얼마나 되어야, '내 이야기를 들어주는구나'라는 생각이 듭니까」라는 질문에 대한 응답을 들었다. 대답한 사람들 중 15분 정도 시간을 들여 대화를 한 경우에「이야기를 들어준다」라고 느끼는 사람이 47명으로 가장 많았다. 같은 시기에 있는 그룹 홈 입주자들에게도 같은 질문을 했는데, 역시 15분 정도는 케어직원과 대화할 수 있어야 입주자가 이야기를 들어준다고 납득하는 경향이 있었다. 자기 성취감을 느끼게 하려면 먼저 중요한 것은 어느 정도 시간을 들여서 치매인의 말에 귀를 기울여야 한다.

2) 공감적 이해와 「동반자」 시점

그 다음으로 중요한 것이 공감적 이해이다. 치매인의 다양한 증상과 행동을 이해하고 그것을 설명하는 데서부터 시작해야 한다. 가장 먼저 해야할 작업은 공감적 이해이다. 치매가 자신을 어떻게 바꾸어 버릴지 두려움에 가득 차 있는 사람에게서「할 수 있는 것」을 찾아내고, 그 다음에「할 수 없는 것」을 찾아내어 그 이유

> **엠파워먼트**
> 이용자 스스로 자신의 상황에 대처하고, 그 상황을 스스로 변화시킬 수 있는 능력을 강화시키는 과정을 가리킨다. 치매케어에서는 치매노인 스스로가 최대한 자립하여, 자신의 문제를 해결해나가는 능력을 발휘할 수 있도록 지원하는 것을 의미한다.

에 대해 생각한다. 그 작업에서 가장 필요한 것은 우리가 그 사람을 환자로 생각하는 것이 아니라, 함께 지금을 살고 있는 존재로 생각하여 공감하면서 지원하는 자세이다. 치매처럼 만성적인 질환에 대해 주변 사람들은「그래도 할 수 있는 것」에 시선을 돌려 그들을 지지하는 케어를 해야 한다. 복지나 케어영역은 물론 의료 영역에서도 그 사람의 역량을 높이려는 시도, 즉 **엠파워먼트**empowerment의 관점이 필요하다.

매번 당사자의 입장에 서서 그 고통을 함께 하려 하는 케어의 모습은 많은 사례들을 통해 생각할 수 있는 실증evidence에 근거한 것이어야 한다. 하지만 개인이나 가족이 겪어온 이야기narrative의 세계도 소중히 여겨야 한다. 실증을 소중히 생각하면서도 각각 사례의 고유 배경이나 마음을 배려할 때, 각각의 사람에게 맞는 케어를 할 수 있기 때문이다.

하지만 그 관점의 방향이「지원하는 쪽의 시각」에 있는 한, 치매인의 고뇌는 다른 사람에게 찾아 온 불행에 지나지 않을 것이다. 우리가「동반자」로서 공감하며 지원하는 데서부터 그 슬픔을 나누는 작업이 시작된다.

원래 지니고 있던 능력으로 일반적인 지적 수준의 활약을 했던 사람, 그 이상의 능력으로 사회에서 필요로 했던 사람, 이러한 사람들이 치매라는 서서히 능력이 저하되는 질병에 걸려 있다는 것을 상기해 보면, 천천히 그 사람 곁으로 다가가는 자세는 꼭 필요한 것임을 알 수 있다.

3) 지원자에게 요구되는 것

(1) 치매인의 발언을 이해하기

2009년 6월, 치매인 132명에게 임의로「어떤 지원을 받기를 원하는가」라고 질문한 적이 있다(그림 6-1). 가장 응답이 많았던 순서로 살펴보면「병을 고쳐주면 좋겠다」가 126명,「자신을 버리고 도망가지 않았으면 좋겠다」가 92명,「정확한 정보가 필요하다」가 88명,「불안을 덜어주면 좋겠다」가 47명으로 치매인은 동반자를 원하고 있는 경우가 많았다.

각 지역에서 치매임을 밝히는 사람들은 사회에 언제나 희망을 준다.「당신은 지원자로서 그대로 있어도 괜찮다」라는 격려가 용기를 준다.「내 병은 고치지 못한다. 하지만 당신이 있어 준다면 나는 이대로도 안심할 수 있다. 당신은 변함없이 이대로 나를 지원해 주면 좋겠다」라고 그들 또한 동반자의 존재를 요청한다. 그렇게 우리가 지원자의 입장을 지키고 있는 한, 어떻게든 성실하게 치매인의 마음에 부응해야 한다. 필요한 것은 치매인이「그래도 나는 살아 있어서 좋다」라는 생각할 수 있도록 성실하게 대하는 태도일 것이다.

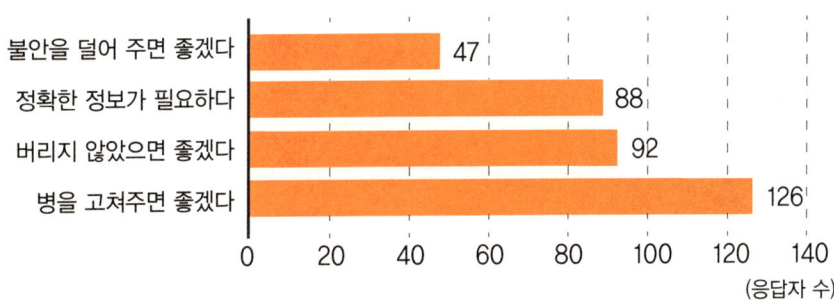

〈 그림 6-1 〉 치매인의 바람

2009年 6月, に132 人の認知症の人から得たもの(松本診療所調査) 横軸は要望の実数を示す

II 재택케어를 하는 케어가족

　치매인을 케어하는 가족[5]에 대해서는 치매케어 텍스트북 「사회자원」에서 다루겠지만, 여기에서는 프로이트Freud S의 대상상실對象喪失로 인한 마음의 회복과정에 따라 치매인을 케어하는 가족의 마음을 생각해 보고자 한다.[6]

　아무리 열심히 돌보는 케어자라도, 아니 오히려 열심히 돌보려고 하는 케어자일수록 계속 치매인의 질문이나 억울한 의심을 받는 상황이 반복되면 마음이 피폐해진다. 케어자는 날마다 반복되는 「마음의 상처 : 대상상실」과 마주하면서 케어를 이어나가고 있다고 할 수 있다.

〈 그림 6-2 〉 케어가족의 마음의 상처와 회복 과정

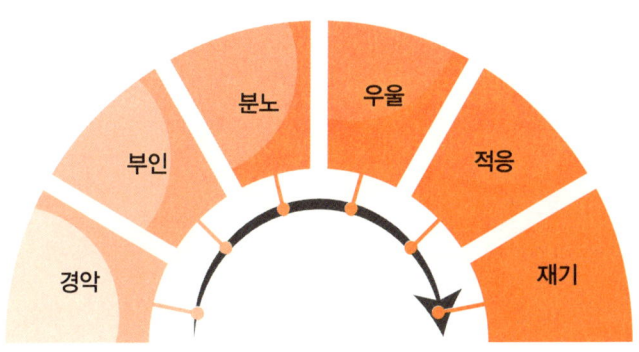

프로이트의 대상상실과 회복 과정을 케어가족의 마음의 단계에 적용

(출처) 後藤雅博編著:家族教室のすすめ方. 14, 金剛出版, 東京(1998)

1. 치매인을 케어하는 가족의 마음의 단계

사람은 누구나 상처받은 마음을 회복해 가는 과정을 거친다(그림 6-2). 소중한 가족이 치매라는 것을 알게 되었을 때 처음으로 맞이하게 되는 것은 「경악의 단계」이다. 어렴풋이 짐작은 하고 있었어도 전문의로부터 병명을 고지 받으면 케어가족은 깜짝 놀라게 된다.

이 시기는 오래가지 않고 케어자의 마음은 순식간에 그 다음 단계인 「부인의 단계」로 옮겨간다. 누구든 듣기 싫은 것은 듣지 못한 것으로 치부해 버리려는 무의식이 작용하게 되는데 그 결과가 「부인의 단계」이다.

예를 들어, 전문병원에서 알츠하이머형 치매로 진단된 아버지와 아들이 집에 돌아왔을 때, 가족들은 아들에게 「아버지가 무슨 병이라니?」라고 물을 것이다. 그때 아들은

전문의에게 「알츠하이머형 치매」라고 들었음에도 불구하고 집으로 돌아오자마자 「아니, 의사가 뭐라고 말은 했는데, 나이들어서 생기는 건망증 같은 거래.」라고 대답한다. 고지받은 사실을 무의식 중에 망각한 것이다. 아들은 「아무것도 모르는 잘못된 아들」이다. 누구라도 「인정하고 싶지 않은 것은 없었던 일로 친다」는 방어기재가 작동한 것이다.

하지만 케어자가 아무리 부인하려해도 부인하지 못하게 되는 시기가 온다. 치매의 핵심증상으로 인해 몇 번이나 같은 말을 반복하는 등 부인할 수 없는 심한 증상 때문에 케어가족은 상처를 받으면서 천천히 「분노의 단계」로 이행해 간다.

케어자가 「분노의 단계」에 들어가면 분노가 밖으로 향하는 경우와 내면으로 향하는 경우, 2가지를 생각할 수 있다. 분노가 밖으로 향하는 경우에는 케어직원이나 간호직원, 복지나 의료기관 같은 치매인과 가족을 지원하려는 사람들을 대상으로 하는 경우가 많다. 모처럼 「치매인과 가족을 지원하려고」 하는데 생각지도 못하게 가족이 분노를 쏟아 부으면 이후 그 사람을 지원하는 것이 어려워질 것이다. 하지만 이러한 「분노의 단계」에서 화를 내는 그 순간이 바로 지원자가 가족의 마음을 사로잡을 수 있는 기회이기도 하다. 그때까지 「부인의 단계」에 있었기 때문에 아무리 설명해도 납득하지 않던 가족들에 대한 공감을 분노의 단계에서 보여줌으로써, 가족들이 「이해받았다」라고 느끼게 되면 다른 어떤 시기보다 가족의 신뢰를 얻을 수가 있다.

이런 가족의 마음의 단계를 이해하는 것은 재택지원에서 꼭 필요한 것이다. 주변이나 지역에서 치매인과 가족을 받아들이고 지원하려면, 지금 케어자의 마음이 어느 단계에 있는지를 파악하여 각 시기에 맞는 지원을 하는 것이 중요하다.

2. 재택케어와 「선의의 가해자」

한편 케어자가 조심해야 하는 것은 「부적절한 행위(학대)」이다. 변명의 여지 없는 학대라고 해도, 악의나 적의가 있는 경우와 재택케어로 궁지에 몰려 생각지도 못하게 벌어진 것은 큰 차이가 있다.

어떻게도 해결할 수 없는 「분노」를 억누르면서 매일 케어에 몰두해야만 하기 때문에 케어자는 「우울 단계」로 접어든다. 대부분의 케어자가 자신도 모르는 사이에 부적절한 행위를 하게 되는 경우가 많다. 학대에서 가장 주의해야 하는 것은 「악의적인 학대」가 아니라 선의 이상의 케어를 하고 있지만, 과중한 부담을 견디지 못하고 자신도 모르는 사이에 부적절한 행위가 저질러진 경우(선의의 가해자)가 대부분이다. 치매케어 전문가를 필두로 하여 주변 사람들이 경청과 공감으로 이해하고 케어자를 지원함으로써 케어가족은 궁지에서 벗어날 수 있다.

상처받은 케어자의 마음을 듣고 그 목소리에 공감하는 「동반자의 존재」는 케어가족의 마음을 지원하고, 케어의 상처로부터 회복과 함께 「적응의 단계」로 나아갈 수 있게 한다. 가족모임은 같은 입장의 케어가족들이 서로 공감하면서 정보를 나누고 서로를 격려하는 장이다. 치매케어 전문가는 이러한 케어가족의 정성과 노력을 이해하고 협력하는 것이 중요하다.

치매인의 임종 후에는 시간이 걸려도 케어자의 상처받은 마음을 「재기」해야한다. 우리는 케어를 마친 가족의 마음이 시간이 걸리더라도 「재기의 단계」로 접어들 때까지 지켜보는 자세를 가져야 한다.

대부분의 사고나 질환에서 이러한 일련의 과정은 한 번 일어나겠지만 치매의 증상은 조금씩 변한다. 그동안 보지 못한 증상이 나타날 때마다 케어자의 마음은 다시 상처와 상실의 과정을 반복하므로, 몇 번이나 「왔다 갔다」한다는 사실을 잊지 않는 것이 중요하다. 일단 「적응한」 것처럼 보여도 케어자의 마음은 그 다음 어려움을 만날 때마다 몇 번이고 부인과 분노의 단계로 쉽게 되돌아갈 수 있다는 것을 알아야 한다. 좌절한 케어자의 마음을 「누구에게나 있는, 당연한 것」으로 몇 번이고 받아들여 계속적으로 지원하는 치매케어 전문가의 존재가 중요하다.

III 재택지원에서 지역과 어떻게 협력할 것인가

1. 지역주민과 함께 여러 직종과 연계할 때 유의할 점

치매에는 많은 직종이 관계되어 있고, 현재 일본에서는 치매시책추진종합전략(신오렌지플랜)의 실천을 위해 의료, 케어, 복지를 추진하고 있다(표 6-1). 꼭 필요한 것은 지역주민과 함께 여러 직종이 연계하는 형태이다. 하지만 연계에는 한계도 있다. 그렇다면 적어도 치매인이「버림받았다는 느낌」은 갖지 않도록 해야한다. 그러기 위해서는 역시 지역주민이나 여러 직종 중에서 마음 기댈 수 있는「중요」한 역할을 해 줄 누군가가 필요하다. 치매케어 전문가가 된 사람은 여러 직종과 연계하면서「중요」한 역할을 할 수 있는 인재가 될 수 있다.

〈 표 6-1 〉 치매시책추진종합전략(신오렌지플랜) ; 치매노인이 살기 좋은 지역 만들기

1	치매를 깊이 이해할 수 있도록 보급·계발을 추진
2	치매 증상에 따른 적시·적절한 의료·케어 등의 제공
3	초로기(初老期) 치매 시책 강화
4	치매인 케어자에 대한 지원
5	치매인을 포함한 노인에게 친화적인 지역 만들기 추진
6	치매 예방법, 진단법, 치료법, 재활모델, 케어모델 등의 연구개발 및 성과보급 추진
7	치매인과 그 가족의 입장을 중시

2. 재택케어를 위협하는 요인

재택케어를 지속할 때, 치매인이 지역에서 함께 생활하는데 위협적인 요인은 무엇일까? 치매인과 가족이 안심할 수 있도록 하는 것을 최우선으로 하되, 이 경우 지역 연계를 바탕으로 한 치매관련 정책이 필요하다.

2015년 1월에 발표된 「신오렌지플랜」의 지역지원사업에 재택의료·케어 연계 추진, 지역케어회의 개최, 일상생활지원종합사업 실시가 포함되어 재택지원에 힘을 쏟고 있다. 하지만 현실의 재택 케어에서는 치매인의 특성으로 인해 많은 어려움에 부딪치게 된다. 그 대표적인 것이 치매의 행동·심리증상으로 재택케어가 힘들다는 것과, 핵심증상 악화로 판단력이 저하된 결과 뜻밖의 사고에 휘말리는 것 등을 들 수 있다.

3. 정신운동성 흥분이나 타인에 대한 공격성

　재택에서의 치매케어가 잘 이뤄지지 않는 원인 중 하나는 정신운동성 흥분이나 타인에 대한 행위 때문이다. 재택에서 이와 같은 모든 행위를 통제하기는 어렵다. 그래서 케어가족은 지역의 다양한 자원을 이용하여 재택케어를 보완한다. 흥분이나 공격성 등은 치매인 스스로 두려움을 느끼는 경우나 이해력이 저하되어 「상대가 자신을 공격한다」라는 착각에 대한 방어인 경우도 있다. 눈앞으로 수건을 들고 다가오는 케어직원을 보고, 치매인이 「나를 묶으려고 한다」라고 생각해버리면 당연히 저항을 할 것이다. 흥분이나 공격성이라 해도 악의를 가지고 공격하는 것은 아니다. 그 사람의 공포와 두려움을 이해하면서 케어해야 한다. 경우에 따라서는 의료와 밀접하게 연계하여 BPSD 흥분이나 공격성을 억제하는 것이 필요한 때도 있다. 치매인의 주관적인 세계에서 어떤 일이 일어나고 있다는 것을 이해했다 하더라도, 뇌의 생물학적 혼란 때문에 그러한 증상이 나타나는 경우도 있기 때문이다. 필요한 최소한의 약물요법이 실시되는 것은 그런 경우이다. 주의해야 할 것은 안이하게 처방된 정신병약은 치매인의 돌연사 가능성을 높일 수 있다는 것이다. 따라서 신중을 기하여 처방하고, 조금씩 BPSD를 진정시키면서, 그리고 다른 사람에게 지나치게 심하게 하는 행위를 완화시켜 그 사람의 일상생활 동작이 유지되도록 노력한다. 물론, 퍼슨 센터드 케어나 케어가족의 대응으로 BPSD가 개선되도록 하는 것이 무엇보다도 중요하며, 케어를 통해 타인에게 가하는 공격성을 억제하고 그 사람과 가족들도 안정될 수 있게 하는 노력이 최우선임을 잊어서는 안 된다.

4. 「무신경함」이나 사회성이 결여된 행위

　때때로 「반사회적 행위」라고 오해를 받는 BPSD도 뇌기능이 부분적으로만 남아있기 때문에, 장애가 있는 부분 기능의 저하로 나타나는 증상인 것으로 이해할 수 있다. 남아있기 때문에, 장애가 있는 부분 기능의 저하로 나타나는 증상인 것으로 이해할 수 있다. 「무신경함」이나 「무관심한 상태」도 뇌가 상황을 보고 판단하는 기능을 잃었기 때문이다.

비록 사회적 규범에 배치되는 행동을 하더라도 거기에는 사회에 대한 「원한」이나 「반감」이 있는 것은 아니기 때문에 「반」사회적 행동은 아니다. 눈앞에서 일어나고 있는 일을 개의치 않기 때문에, 어떤 방향에서 보면 사회 규범에서 일탈한 것처럼 보이는 행위로서 「비」사회적 행위일 뿐이다. 이러한 것들을 제대로 이해하여 왜 이런 행위를 하는지에 대해서 이해해 두는 것이, 치매인과 케어가족의 인권을 지키는 길이다.

1) 이식

이식異食이란 원래는 먹지 못할 것을 입에 넣는 것을 말하는데, 측두엽 변화로 인한 행위 중 하나이다. 측두엽의 변화와 함께 무엇이든 입에 넣는 행동이 나타난다. 비누나 지우개 같은 것을 얼핏 보고 음식이라고 잘못 생각하는 이식이나 예쁜 용기에 들어 있어도 마시면 안 되는 액체(예를 들어 세제)를 오음誤飲하고, 화장지를 입에 넣고 계속 씹는 등 다양한 이식 행위가 있다. 치매로 인한 절망감으로 자살하려고 병에 든 액체 세제를 마신 것이 아니라, 세제인 것을 이해하지 못하여 눈앞에 있는 아름다운 빛깔의 액체를 마셔 버린 경우도 있다.

따라서 우리는 이식할 수 있는 것을 치매인 가까이에 두지 말하야 한다. 이식 행위가 완전히 치료된 사람도 있고 오랫동안 계속되는 사람도 있다. 또한 화장지를 먹으려고 할 때 누군가 눈치 채면 입 속에 넣고 우물거리며 음미하고 있는 것처럼 하는 경우도 있고, 그것을 삼키려다가 목에 걸려 소란을 일으키는 경우도 있다. 어떤 경우든 완전히 방지하는 것은 어려워도 주변 사람이 이식이라는 행위를 이해하고, 눈앞의 치매인에게 그 가능성이 있는지 없는지 평소에 조심하고 신경 쓰는 것이 중요하다. 가족교실 등에서 이러한 정보를 제공하는 것도 중요하다.

2) 눈에 띄는 물건을 가져가는 것(도둑질로 오해)

이것도 일종의 「무신경함」에서 나오는 행위이다. 눈앞에 있는 물건을 보자마자 그것을 집어 들어 어떠한 판단도 없이 주머니에 넣으려고 하는 경우에도 그 사람에게 「훔친다」라는 의도가 있는 것이 아니라, 마음에 들면 몇 개든 주머니에 그 물건을 넣는 경우가 많다.

예전에 픽병 Pick's disease에 걸린 초로기치매인의 아내가 「남편에게 내가 집안 경제를 위해 노력하는 모습을 보여주고 싶다」라는 생각으로 남편을 자신이 일하는 슈퍼마켓으로 데려간 적이 있었다. 남편은 아무 생각 없이 빙빙 돌기만 하고 있었는데, 갑자기 무슨 생각이 들었는지 치약 몇 개를 주머니에 넣고 밖으로 나가려고 해서 점장이 이를 막았다. 점장은 「당신들은 은혜를 원수로 갚는 겁니까」라고 말하여 아내의 마음에는 큰 상처가 남았다.

지금으로부터 20년 전 일이고 치매에 대한 이해가 널리 확산된 오늘날에는 그런 일은 없을 것이다. 질환에 대한 이해가 확산될수록 이러한 오해는 사라진다. 치매케어 전문가가 이런 행위에는 악의가 없고 치매의 BPSD로 인해 나타날 수 있다는 사실을 지역주민에게 알려야 한다.

3) 성적 일탈 행위

판단력이 저하되어 자신의 성기를 노출하거나 케어를 받는 중에 사물의 선악을 판단하지 못하여 마치 「눈앞에 있어서 만진 것뿐」이라며 아무 생각 없이 가슴을 만지는 행위 등 치매인이 한 행위가 케어자에게는 충격이 된다. 「이런 사람이 아니었는데」라고 낙담하는 경우도 많다.

이러한 행위에 대해서는 우선 항상 지켜보고 있다가 그런 행위가 나오려 하면 미연에 막는 것이 최선이지만, 이를 위해서는 항상 1:1의 보호가 필요할 것이다. 현실적으로 어려울 경우에는 처방으로 일탈 행위를 막을 수도 있다. 무엇보다 성적 관심이 있어서 하는 행위가 아니라 아무 생각 없이 해 버린 행동이었는데 성적인 부위에 닿은 것일 수 있지만, 오해를 받는 행위임을 재확인하는 것도 중요하다.

4) 배회(돌아다니는 행위·행방불명이 되는 것)

현재 전문 용어로 쓰이는 「배회」라는 말은 「비척비척 방황하는 행위」를 의미하는데, 말 자체의 모멸적인 의미 때문에 배회라는 표현을 쓰지 못하게 하는 지자체도 있다. 아무것도 모르게 된 사람이 비척비척 방황하고 다니는 것이 아니라, 치매인은 머릿속이 하얗게 되어 집으로 돌아가는 길을 잃어버려서 애타게 찾고 있는 경우가 많다.

크게 분류하면 섬망 등 경도의 의식혼탁을 동반하는 인지기능 장애로 인해 치매인 본인도 모르는 사이에 집을 나가 버리게 되는 행위이다. 지남력장애로 인해 치매인 본인이 불안과 공포에 사로잡혀 계속해서 길을 찾아다닌 결과로 배회가 되어 버린 경우로 크게 분류되지만, 섬망이 나타나면 배회 시의 일은 치매인의 기억에 남지 않는다.

우리 역시 배회에 대응할 수 있다. 임상 현장에서는 섬망의 경우 온오프가 있고 그 스위치가 켜지는 시간대를 조심하면, 배회로 인한 위험을 어느 정도는 줄일 수 있다. 예를 들어, 섬망의 스위치가 켜지기 쉬운 시간대는 저녁 무렵이나 오후 10시, 그 이후 야간에 많이 나타나는 경향이 있다.[7]

이것을 케어가족이 제대로 인식하여 가족 중에 치매가 있는 경우, 언제가 가장 위험이 높은 시간대인지 알아 두어, 그 시간에 보다 주의를 기울인다면 재택케어에서 위험을 줄일 수 있다.

지남력장애로 배회가 나타난 경우에는 「언제, 몇 시에」 위험성이 높아지는지를 예측하기는 어렵지만, 그래도 가족을 지원할 방법이 있다. 배회 행위가 지남력장애로 인해 집에서 밖으로 나온 순간에 어디에 있는지 모르게 되어 불안에 시달리며 계속 길을 찾는 것이라면, 우리는 치매인이 그런 상황에 빠지지 않도록 가족을 비롯한 지역주민이나 다른 직종과 연계함으로써, 누군가가 지켜보는 상황을 만들도록 배려해야 한다.

비록 지금 즉시 결론이 나지 않는 과제에 대해서도 누군가가 계속 관심을 가질 수 있는 체계를 만들어야 한다. 그것이 모두의 힘으로 치매인과 케어가족을 지키는 일이라고 생각한다.

5. 자동차 운전과 사고

어떤 사람에게는 생활필수품이고, 없으면 생활이 안 되는 곳에 사는 사람에게는 생활 그 자체인 자동차는 한편으로는 사람의 목숨을 앗아가는 흉기가 되기도 한다. 치매인이나 케어가족을 지역에서 보호해야 한다는 것을 생각하면, 자동차의 혜택을 받지 못할 때는 반드시 그것을 대체할 방법을 마련해야 한다. 자동차로 이동할 수 없으면 생활을 할 수 없다. 지역 내에서 치매인의 증가를 예견하여 치매인이 운전하지 않아도 생활할 수 있는 인프라를 구축하는 것이 필수적이다. 그것을 가능하게 하는 것은 개인의 노력이 아니라 이 사회를 유지하고 있는 국가나 지자체의 제도, 교통망의 확립이다. 치매일 뿐, 이른바 「쇼핑 약자」가 되는 일이 없도록 여기서도 지역과의 연계가 요구된다.

6. 철도 건널목 사고나 실화失火의 손해 배상

배회 위험이 「어느 시간대」에 가장 높은지 확인하고, 지남력장애가 있는 치매인의 불안과 두려움이 배회 행위로 이어지지 않도록 체계를 마련함으로써 건널목 사고로 인해 케어가족이 손해 배상을 청구 당하는 것을 막을 수 있다. 지역 전체가 치매에 대한 인식을 개선하고 BPSD에 대해 이해하고 있으면 안타까운 사고 뒤의 수습도 다른 형태가 될 것이다.

치매인이 건널목 사고를 일으켜 죽게 되고 그 결과로 전철 이용에 지장을 초래한다고 해도, 사회 전체가 치매라는 질병을 이해하고 받아들이고 있으면, 과제는 유족의 배상 책임이 아니라 오히려 그 일을 거울삼아 다음의 비참한 사고로 이어지지 않도록 건널목들의 출입을 막는 방법을 생각할 수 있다.

가족이 눈을 뗀 사이 치매인이 실화한 경우, 배상 책임을 아내가 지도록 하는 판결도 있다. 옆집으로 불이 번져 손해가 발생했는데 그 결과로 치매인에게는 책임능력이 없다고 인정되었지만, 아내는 부부로서 「서로 도와야 한다」라고 하여 지불 명령을 내린 판결도 있다. 치매에 걸려도 안심할 수 있는 사회를 지향하면서도 무슨 일이 일어났을 때는 그 책임을 가족이 져야 하는 것이 지금의 현실이다.

7. 향후 사회에서 생각해야 할 것

치매인 본인에 대한 지원이든 케어가족에 대한 지원이든, 그에 앞서 재택케어를 둘러싼 위험을 줄이는 데에는 크게 두 가지 흐름이 있다. 첫째는 사회와 지역이 질병과 생활의 불편을 적절하게 이해할 수 있도록 정보를 제공하는 것이고, 둘째는 그것을 적극적으로 배우려고 하는 사회의 태도이다. 나아가 치매를 받아들이는 우리의 각오이다. 어떻게든 치매를 질병으로 이해했다 해도, 실제 생활에서 어려움을 모든 사람이 「이해한다」라는 것은, 지역이 적극적으로 실시하지 않으면, 당연히 치매인이 오랫동안 살 수 있는 사회는 존재할 수 없다. 그리고 한편으로 치매인이 일으킨 문제의 책임은 그 사람이나 가족이 져야 한다고 하는 사회의 냉엄한 눈도 있다.

현재 일본은 기로에 서 있다. 모두의 행복을 위해 각자가 책임을 지도록 할 것인지, 아니면 장애가 있는 사람을 동등한 존재로 지원하기 위해 그 사람의 불편을 다수가 관용하며 받아들여야 할 것인지. 이 두 가지 의견은 정면으로 대립하는 것처럼 보일지도 모른다. 하지만 현장에서는 그때그때 상황에 따라 양쪽의 생각을 인정하면서 방향성을 만들어 가는 너그러움이 있어야 한다. 장애를 안고 살아가는 사람을 사회의 일원으로 수용하려는 사회의 눈길이 없으면 신오렌지플랜의 숭고한 개념은 이상에 그치게 될 것이다.

그렇게 되지 않으려면 「확대가족 네트워크」라는 개념이 중요하다. 치매인과 함께 사는 가족, 지역 사회가 저출산과 고령화로 지원자가 적을 수밖에 없는 상황에서는 가족 정도의 친분은 아니지만 그것과 비슷한 정도의 신뢰가 쌓인 타인과의 관계성이 필요할 것이다. 그것이 확대가족 네트워크이다. 케어의 형태는 다양화되었고 친족이 하는 케어는 오히려 드물어졌다. 지역사회 전체를 「확대가족 네트워크」로 파악하여 서로 지지하는 것이 절실하다. 그 주요 역할을 담당하는 것이 치매케어 전문가이다.

IV 다양한 재택케어 형식과 지원 방법

1. 고령·독거·치매가 있는 사람의 독신 생활

나이가 많이 들어 독거하던 사람이 치매에 걸리는 경우가 늘어나고 있다. 그 중에 상당한 비율이 「자기방임self-neglect」인데 스스로 케어를 필요로 하지 않는 상황이다. 노인학대 중에서 스스로 케어를 거부하는 경우, 대부분은 치매인이다. 병식이 없기 때문에 자신의 생활이 무너지고 있어도 자각하지 못한다. 주변에서 알아차리고 지원하려 해도 거절한다. 재택케어를 받아야 하는 사람에게 지원하려 해도 「케어 같은 건 필요 없다」라고 거부하면, 지원 체계를 구축하기 어렵다. 지역포괄 케어를 실천하기 위해 치매 케어 전문가로서 적극적으로 생각해 보아야 한다.

1) 노노케어 老老 care

노인이 노인을 케어하는 경우를 의미한다. 최근에는 고령이 된 자녀가 초고령자를 케어하는 경우나, 부부가 함께 고령이 되어 치매가 있는 배우자를 케어하고 있는 경우가 많아졌다. 가벼운 치매가 있는 아내가 더 심한 증상의 치매인 남편을 케어하고 있는 경우 등 인인케어 認認 care(치매환자가 치매환자를 케어)로 표현되는 케어의 형태도 있다. 최근에는 중년 남자가 가족들과 떨어져서 일도 그만두고 고령의 부모님을 케어하고 있어서 지역으로부터 고립된 경우 등이 늘어나고 있다. 케어하는 자식이 80세, 부모가 100세인 노노케어도 많아졌다. 사회가 고령화될수록 노노케어는 앞으로 계속 늘어날 것이다. 그들 대부분은 사회로부터 고립되어 있다. 케어를 받는 사람도 케어하는 사람도 「세상에 폐를 끼칠 수 없다」라고 하며 숨어 버린다. 그들의 자존심과 인권을 배려하면서도 지역이 가까이 다가가는 것이 중요하다.

2) 원거리 케어

멀리 떨어져 있는 가족을 재택케어 하기 위해 먼 거리를 이동할 수도 있다. 외국에 오래 살던 아들이 일본에 있는 아버지를 케어하기 위해 일을 그만두고 귀국했지만 다시 취업을 할 수 없는 경우 등 원거리 케어에는 많은 과제가 있다.

원거리 케어에서 유의해야 할 점은 단지 거리가 멀다는 사실이 케어의 저해 요인은 아니라는 것이다. 「멀리 있다고 해서 재택케어가 파탄나는 것은 아니다」라는 점이다.

멀리 있어도 치매인 가까이에 있는 지원자나 케어직원과 연계하여 신뢰할 수 있는 관계를 맺으면 재택케어를 지속할 수 있다. 확대가족 네트워크가 기능하기 때문이다. 가족만으로는 원거리 케어에 따르는 교통비 등 경제적 부담이 늘어나기 때문에 공식 지원, 비공식적 지원을 최대한 활용하여 확대가족 네트워크의 힘을 빌리는 것이 중요하다.

2. 초로기初老期치매의 재택케어

65세 미만의 치매인을 말하는 것인데, 초로기치매에서 가장 배려해야 하는 것은 치매인의 자녀가 아직 취학 중이거나 하는 경우이다. 이러한 경우 치매인은 집안의 경제적인 문제도 도와야 한다. 초로기치매에 걸리면 사회에서 은퇴해야 하기 때문에 자존심을 잃게 되는 경우가 많아서 심리적인 지원도 중요한 과제이다.

초로기치매는 나이가 젊다는 측면에서 치매로 진단되지 않고 다른 병으로 오진되는 경우도 많다. 우울증이나 조현병, 불안장애 등으로 진단되는 경우도 있기 때문에 주의해야 한다.

게다가 일반적으로는 초로기치매는 진행이 빠르다고들 하지만 꼭 그렇지만도 않다. 급격한 진행을 보이다가 순식간에 사망하는 사람도 있다. 하지만 증상이 있는 상태에서 진정이 되면 이후에는 비교적 안정적으로 천천히 진행되는 경우도 있다. 젊기 때문에 절망하지 않도록 주변 사람이 바르게 대응하는 것이 중요하다.

V 치매인에 대한 재택지원의 다양성

구체적인 재택케어 지원을 위한 사회자원에 대해서는 별도로 다루겠지만, 여기서는 재택지원의 다양성에 대해 살펴보고자 한다. 예를 들어 재택케어를 받고 있으며 알츠하이머형 치매로 홀로 생활하고 있는 사람에 대한 지원으로서 케어영역에서 생각할 수 있는 것은 케어지원전문원(케어 매니저)이다.

케어가 필요하다는(요개호) 인정을 받고 케어플랜이 결정되면 치매인의 자택에는 홈헬퍼가 주 3회 오게 될지도 모른다. 목욕이 매우 어렵기 때문에 방문목욕 서비스를 받는 경우도 있을 것이다. 좀 더 경도라면 데이 서비스(주야간보호)에 매주 몇 번 다니고 있을지도 모른다. 어떤 사람은 의료기관의 데이케어와 연결하는 경우도 있을 것이다. 방문 간호사가 개호보험을 활용하는 경우도 있다. 재택의료지원진료소, 재택요양지원 치과진료소, 약국에서의 방문약제관리가 실시되고 있는 경우도 많다. 다시 말해 케어와 의료가 복잡하게 얽히면서 재택을 지원하고 여기에 복지제도와 주택 사정 개선 등 다양한 지원 체계가 가세한다. 최근 몇 년 동안 서비스가 더해진 노인주택이나 그룹 홈

등도 포함하여 재택에서 받을 수 있는 지원에 대해, 치매케어 전문가가 적절한 정보를 가족에게 제공하는 것이 치매인에게는 큰 도움이 된다.

또한 신오렌지플랜에서는 재택지원의 핵심으로서 여러 직종이나 케어가족이 모이는 지역케어회의를 개최하고, 치매인이 있는 곳으로 가서 치매초기집중지원팀이 어세스먼트, 가족지원 등을 포괄적이고 집중적으로 한다. 그리고 지역에는 치매 카페가 생겨 치매인뿐만 아니라 가족이나 지역주민이 교류를 통해 치매인에 대한 이해를 깊게 하는 대응이 본격적으로 시작되고 있다.

이러한 일련의 재택지원 움직임은 단순히 치매인이나 가족을 이해하여 살기 좋은 지역으로 만들뿐만 아니라, 치매를 깊이 이해하고 있는 지역주민이 인권을 침해당할 수도 있는 치매인을 대변해주는 것(권리옹호)도 중요하다. 지역차원에서 인권 침해와 학대적 행위로부터 치매인을 지키려는 시민의 의식 개혁이야말로 재택지원의 핵심이다.

VI 재택케어의 한계

익숙한 지역에서 가족들과 함께 생활하며 치매케어를 받는 것이 이상적이지만, 재택케어가 한계를 맞는 경우가 있다. 아무리 지원을 해도 집에서 식사를 할 수 없게 되는 경우, 소변이나 대변이 조절이 안 되는 경우, 실화를 막지 못하는 경우 등 다양한 상황에서 그 한계는 다르지만 재택케어에는 한계가 있다.

그럴 때 중요한 것은 「재택케어를 계속할 수 없게 되어 (어쩔 수 없이) 시설에 입소해야 한다」라고 생각하지 않는 것이다. 「재택케어가 안 되면 끝장」인 것은 아니기 때문이다. 시설에 입소한 이후부터가 「치매인이 인생을 어떻게 살아 나갈 것인가」라는 과제에서 매우 소중한 시간이다.

지역에 있는 시설을 이용함으로써 재택에서는 할 수 없었던 안정된 상태가 되는 경우도 많다. 시설도 지역에 열린 시설을 지향하면서 재택 영역과 연계하고, 재택케어 역시 결코 집에만 매달리지 않도록 끊임없는 지원 체계를 만들어 내는 것이야말로, 치매인이나 가족 모두가 안심하고 생활할 수 있는 지역을 만들기 위해서 중요한 것이다.

정신요법가 설리번Sullivan HS은 「관여하면서 관찰」한다는 말을 남겼다.[8] 이 말은 다양한 과제가 있는 아이를 양육함에 있어서, 주변 어른이 「자신도 연루되게 되고」, 모두가 정보를 공유하면서 확실하게 관찰을 계속하면, 「지금, 바로」 그 아이의 과제를 좌우하지는 못했다 해도 무슨 일이 일어났을 때 「지체 없이」 대응을 할 수 있다. 지금은 어떻게 할 수 없는 과제라도 모두가 협력하면서 그 아이를 지켜보고(관찰) 있으면, 언제든 제대로 개입(관여)할 수 있다는 생각이다. 이러한 생각을 아이에 대한 「견해」에 머물도록 하지 않고, 앞으로의 지역포괄케어에서 치매인이나 가족케어 재택지원의 핵심이 되도록 해야할 것이다.

# 제7장

사례보고 정리방법

Ⅰ. 서론

Ⅱ. 사례의 필요성과 사례보고의 의의

Ⅲ. 사례보고 영역

Ⅳ. 사례보고 작성 전 준비(지면 공개를 목표로)

Ⅴ. 사례보고 작성방법의 실제

Ⅵ. 사례보고 작성 후 실시하면 좋은 것

Ⅶ. 결론

DEMENTIA CARE
TEXTBOOK

I 서론

 사례보고를 정리한다는 것은 그동안 해 온 케어나 서비스 질 향상을 위해 노력한 것에 대해 다시 한 번 되돌아보는 것이다. 과연 이렇게 해도 되는지, 이대로도 괜찮은 것인지, 잘 되었다고 단정지어도 괜찮은지 등, 위화감이나 의심이 되는 부분을 문제의식을 가지고 다시 파악하는 것에서부터 사례보고는 시작된다. 물론, 성공적이었다고 여겼던 사례에서 보다 좋은 케어를 실천할 수 있었을지도 모른다고 회상할 때도 있을 것이다. 따라서 사례보고에서는 본인의 케어 및 대응에서 부족했던 점, 부적절함을 직면하고 되돌아보면서 냉정한 마음으로 정직하게 기술해야 한다.

 따라서 사례보고는 케어를 잘했다거나 아주 좋은 케어를 했다는 자부심으로 정리하는 것은 아니다. 또한 사례의 경과를 시간순으로 열거하거나, 사례의 정보를 나열하고, 그 사례에 대한 개인적인 감상을 적거나 치매인을 대상으로 실험을 하는 것도 아니다. 앞서 말한 것처럼 그동안의 케어 및 대응을 되돌아봄으로써 앞으로 해결해야 할 과제를 찾는 것에 사례보고의 가치가 있다. 때문에 사례보고에서는 새로운 내용은 다루지 않는다. 오히려 얼마나 깊이 되돌아볼 수 있는지가 중요하다.

한편, 보고를 읽는 사람도 중요하게 생각해야할 것이 있다. 이것은 사례보고에서 보고자의 미비한 점이나 약점을 찾아내어 지적하려는 태도로 읽을 것이 아니라, 자신의 부족함이나 부적절함을 냉정하게 되돌아보아 더 좋은 케어 및 대응을 향해 한 걸음씩 내딛고 있는 것에 대해 경의를 표하는 것이다. 사례보고를 통해 읽는 사람도 본인의 케어 및 대응을 되돌아보고, 개선하는 데 활용하는 자세를 갖는 것이 중요하다.

이처럼 사례보고를 통해서 보고자와 읽는 사람이 이념을 바탕으로 문제의식을 적절하게 가질 수 있는지 점검하여, 자신의 케어 및 대응을 높일 수 있다.

예를 들어, 식사를 할 때 스스로 먹지 않으려고 하는 치매인의 경우, 식사를 권하는 직원을 교체하거나 시간을 두고 권하거나, 「먹지 않으면 누워만 지내게 될 거에요. 마시지 않으면 변비에 걸립니다」 등과 같은 말을 하는 대응이 되풀이 되는 경우가 많다. 그런데도 바로 앞에 있는 치매인이 스스로는 먹지 않으려고 하는 경우, 직원이 숟가락으로 치매인의 입 안에 음식을 넣어주는 케어를 하고 있다. 이러한 케어로 음식을 먹고 있는 치매인들이 맛있다고 생각하는지, 만족하고 있는지, 음식을 모두 먹기만 하면 그것으로 괜찮은 것인지에 대해 위화감이나 의문을 갖는 경우가 있다. 매일 매번 일어나고 있는 일이기 때문에 아무것도 느끼지 못하고 이러한 케어를 반복할 수도 있다. 이런 치매인에게 어떻게 관여해야 「치매인 중심 케어」에 가까워질 수 있는지, 또 어떻게 직원을 교육시켜야 「치매인 중심 케어」를 실천할 수 있는 인재로 만들 수 있는지, 어세스먼트와 케어플랜, 또한 인재 육성이나 지역의 치매케어 발전을 위한 대응을 되돌아보아 개선하려는 프로세스가 사례보고의 내용이 된다.

II 사례의 필요성과 사례보고의 의의

케어 전문직으로서, 시설이나 사업소의 관리자로서, 지역의 다양한 활동단체의 일원으로서, 또한 가족으로서 등 다양한 입장에서 치매인과 관계하고 있다. 각각의 입장에서 「치매인 중심 케어」라는 이념 실현을 목표로, 치매인 한사람 한사람과 가족이 보다 더 좋은 생활을 할 수 있도록 케어하거나, 시설·사업소의 치매케어의 질을 높이기 위해 업무 개선이나 인재 육성에 노력하고 있다. 그리고 지역주민 모두에게 치매인과 케어에 대한 이해도를 높이기 위해 계발 활동을 하고 있다. 이와 같은 치매인과 가족에 대한 케어, 시설·사업소와 지역의 노력 하나하나가 바로 「사례」인 것이다.

그리고 사례에 각각의 입장에서 관계하면서, 「이 치매인은 계속 집에 돌아가고 싶다고 하는데 그 이유를 몰라서 대응하기 어렵다」, 「그 치매인은 다른 이용자들과 문제를 일으키는 경우가 많아서 어떻게 관여해야 좋을지 모르겠다」, 「인재 육성을 위한 노력을 하고는 있지만, 정말 잘 되고 있고 개선되었다고 단언할 수 있을까?」, 「이 사람에게 현재 하고 있는 방법과 관계 방식은 이대로 괜찮은 것일까?」, 「케어와 의료의 연계가 잘

안 된다」등과 같이 느끼는 점이 있을 것이다. 치매케어에서는 케어 대응을 하다가 감각하고 사고하는 과정에서 한번 멈춰서서 점검하는 것이 가장 중요하다. 왜냐하면 우리는 깊이 생각하지 않고 항상 똑같이 행동하고, 또한 자신의 경험과 지식으로 그 대상에 대해 예측하는 것에 불과한데도, 깊게 이해하고 있다고 확신하여 다음 행동에 나설 수 있기 때문이다.

「사례보고」란 케어하는 사람이 치매인 개개인과 케어, 본인의 대응을 잠시 멈추고 어떤 문제의식을 가졌고, 문제를 해결하기 위한 각각의 치매케어 및 대응 과정을 알기 쉽고 조리있게 보고하는 것이다. 즉, 잠시 멈춰 서서 지금까지의 사례에서 일어난 몇가지 사실을 다시 모으고 정리하여 자신들의 케어 및 대응을 되돌아보고 사례를 다시 파악하여, 그동안의 케어 및 대응에 어떤 의미가 있었는지, 적절한 것이었는지 생각할 수 있게 된다. 그 때, 선입견이나 확신이 있었다는 것을 스스로 깨달으면서 다시 각각의 사례를 깊이 이해하고, 그 사례를 통해 케어 및 대응을 주의 깊게 검토할 수 있게 된다. 또한 앞으로 어떻게 케어하고 대응하면 좋을지 방향성을 잡을 수 있게 될 것이다.

따라서 사례보고를 씀으로써 사례를 다각적인 관점에서 바라보고 정리하게 되어, 이치에 맞게 되돌아보아 자신의 전문적인 지식이나 기술을 한층 발전시켜 효과적인 케어 및 대응을 실시할 수 있게 된다.

이렇듯 사례를 되돌아보면서 개인이나 조직 차원에서 제시하고 축적함으로써 과학적·윤리적으로 근거 있는 적절한 치매케어를 확립할 수 있게 된다.

III 사례보고 영역

각각의 치매인이나 가족에 대한 케어, 치매케어의 질을 높이기 위한 시설·사업소나 지역의 대응 등, 하나하나가 「사례」라는 것은 앞서 언급했다. 따라서 치매케어 사례보고의 영역에는 많은 것들이 포함된다. 〈표 7-1〉에 대표적인 사례보고 영역을 정리해 보았다. 일반적으로 사례보고라고 하면 행동·심리증상 BPSD; Behavioral and Psychological Symptoms of Dementia 이 있는 치매인에 대한 이해와 케어라고 생각하기 쉽지만, 그것은 일부분에 지나지 않는다는 것을 유의하기 바란다.

〈 표 7-1 〉 사례보고 영역

1.	치매 행동·심리증상(BPSD)이 있는 치매인에 대한 이해와 케어
2.	치매인의 생활장애에 대한 이해와 케어
3.	치매인과의 의사소통
4.	치매인의 케어 매니지먼트(독거·노인세대를 중심으로)
5.	치매인의 신체질환 치료와 케어
6.	치매인의 재활과 케어
7.	치매인에 대한 학대방지와 발생 시의 케어
8.	치매인의 리스크 매니지먼트
9.	종말기에 있는 치매인의 케어(end of life care)
10.	치매인의 의사 결정 지원
11.	치매인이 지역에서 계속 생활할 수 있도록 지원
12.	치매인 가족에 대한 지원
13.	치매케어를 위한 인재 육성
14.	질 높은 치매케어를 실현하기 위한 조직 운영
15.	치매케어의 전문직 연계
16.	치매인이 최후까지 계속 살아갈 수 있는 지역만들기
17.	기타

IV 사례보고 작성 전 준비(지면 공개를 목표로)

1. 투고규정과 집필요강을 숙지한다

사전 심사가 있는 잡지에 게재하기 위해 투고할 때는 원고를 쓰기 전에 반드시 투고규정과 집필요강을 숙지해야 한다.

투고규정에는 투고부터 잡지 게재까지 사례보고자가 알아야 할 기본적인 사항들이 정리되어 있다. 스스로 투고할 자격이 있는지(주요 저자를 비롯한 공동저자 전원이 학회회원이어야 하는 경우도 있음), 투고할 때 송부해야 할 원고와 서류 부수, 투고원고를 다시 돌려받을 수 있는지, 윤리적 배려에 대해 특히 유의할 점은 없는지, 저작권, 편집위원회의 위치나 역할 등이 명기되어 있다. 일반사단법인 일본치매케어학회에서 간행하고 있는 『치매케어 사례 저널』의 투고규정에는 내용이 12개의 항목으로 기재되어 있다. 그것들을 확실하게 숙지해야 한다.

그 다음에는 집필요강을 확인한다. 집필요강에는 투고원고 정리 방법(원고 1쪽에 무엇을, 어떤 순서로 기술하여 정리해 갈 것인가)이나 투고원고에 기재해야 하는 내용, 그리고 구체적인 표기법 규정이 적혀 있다. 구체적으로는 투고원고 전체의 글자 수, 투고 용지 사이즈와 한 페이지에 들어가는 글자 수, 표제에서부터 도표까지 일정 형식의 정리 방법, 초록abstract 키워드 수, 인용문헌 표기 방법, 도표 설명 방식 등이 상세히 설명되어 있기 때문에 확인해 두어야 한다.

어떤 잡지의 편집위원회든 이러한 기본사항을 지키지 않는 원고를 받아주는 곳은 없다. 투고에서부터 심사를 거쳐 잡지 게재까지 원활하게 진행하기 위해서는 투고규정과 집필요강에 따라 보고자가 원고를 정리해야 한다.

2. 사례보고는 윤리적 배려에 민감해야 한다

윤리란 사람끼리 서로 관계할 때 어울리는 행동방식, 사람 사이에 지켜야 할 질서·규범이다.[1] 치매케어는 다양한 존엄성을 지닌 인간이 서로 관계하는 속에서 이루어지며, 그 속에서 사례에 대한 깊은 성찰이 이뤄진다. 그래서 보고자가 사례보고를 할 때 치매인이나 사례에 관계된 사람들, 조직, 인용문헌의 저자, 또한 사례보고를 읽는 사람의 존엄이 무시당하는 일이 있어서는 안 된다. 따라서 보고자는 사례보고를 할 때 윤리적 배려를 구체적으로 해야 한다. 하나의 사례로 일반사단법인 일본치매케어학회의 윤리강령[2]에 근거하여 사례보고의 윤리적 배려에 대해 설명하고자 한다.

또한 사례보고 내용이 보고자나 소속기관 홍보라고 오해받을 소지가 있는지 주의해야 한다.

1) 사례보고에 관계된 사람들에 대한 윤리적 배려

(1) 본인의 동의

먼저 보고자는 집필 시작 전에 반드시 사례보고 대상인 본인 또는 그 대리인이나 관계자에게 사례보고의 목적, 활용하고 싶은 정보 내용, 사례보고의 기회와 수단, 생각하고 있는 보고 내용 등에 대해 충분히 설명을 하고 동의를 구해야 한다. 이때 어디까지나 본인의 자유로운 의지로 사례보고에 참여한다는 것을 중요하게 여겨야 하며, 강제적인 강요에 의해 무리하게 참여시키는 경우가 있어서는 안 된다. 동의하는 것도 하지 않는 것도 자유이고, 동의를 하지 않아도 케어직원과의 관계가 소원해지는 등의 불이익을 당하는 일은 일체 없다는 것, 설명을 한 날로부터 지면 게재가 결정되기 전까지는 언제든 동의를 취소할 수 있다는 것 등을 명확히 설명해야 한다.

그리고 본인의 참여 의사는 항상 변화할 가능성이 있다. 그것을 당연한 것으로 여기고 보고자는 수용해야 한다. 따라서 투고 전에 투고원고를 읽어보게 하여, 동의를 얻는 것이 더 바람직하다.

(2) 사례에 관계된 기관장의 승낙

사례에 관한 정보를 케어 서비스 등 시설·사업소의 케어기록 등에서 얻게 되는 경우에는 거기서 행해지는 서비스에 대해 책임을 지는 사람(시설장, 관리자 등)의 허락을 받아야 한다. 한편, 시설장이나 관리자 등의 책임자가 사례보고를 하려는 경우, 사례에 대해 자유 의사가 정말로 보장되고 있고, 본인의 언행이 강제적이지는 않은지 점검하는 것이 중요하다.

(3) 참여자에 대한 지나친 부담, 고통, 불이익 금지

치매인이나 사례보고에 관계된 사람들에게 불필요한 부담을 주거나 고통이나 불이익이 예상되는 경우에는 진행을 멈춰야 한다. 생각하지 못한 부담, 고통, 불이익 등이 생기는 경우가 있기 때문에 안전이 확보되어 있는지 항상 확인하고, 위험이 생겼을 경우에는 즉각 중지한다. 예를 들어, BPSD가 있는 치매인에 대한 정보를 다시 얻으려고 장시간 관찰하게 되었는데, 그동안 관찰에만 지나치게 집중한 나머지 적시에 케어가 이뤄지지 않아 결과적으로 치매인이 고통스러운 상태로 방치되는 경우, 치매인의 정보를 더 많이 알고 싶어서 치매인이나 가족에게 질문 공세를 하는 경우, 동의한 당초 계획 이상으로 기간이 길어져서 직원이 케어컨퍼런스에 매여버리는 경우를 들 수 있을 것이다. 근거나 안전성이 불충분하고 완전히 새로운 케어 방법임에도 그 방법을 택하여 치매인에게 시행하려는 행위도 절대 있어서는 안 된다. 차별적인 의미가 있는 용어는 물론, 사례 속의 당사자나 독자가 읽었을 때 사례 내용에 인격을 훼손하고 있다고 생각되는 용어나 표현도 사용해서는 안 된다.

또한 당연한 것이지만 보고자의 직종이나 자격, 직위로 규정된 역할 안에서 사례를 되돌아보는 것이 중요하다. 예를 들어, 의사의 역할과 의사의 지시가 있어야 하는 사안에 대해서 의사 이외의 직종에서 일하는 사람들이 의사의 지시를 받지 않은 채 진행하지 않도록 항상 유의하는 것이 중요하다. 흡인suction을 비롯한 각종 의료행위 역시 실시 가능한 종류와 자격을 가진 사람은 한정되어 있다. 각각의 전문직의 역할을 규정하고 있는 법률을 이해하고, 후생노동성에서 나온 「인생의 최종 단계에서의 의료의 결정 프로세스에 관한 가이드라인(종말기 의료의 결정 프로세스에 관한 가이드라인에서 개정)」,[3] 일본 노년의학회의 「고령자 케어의 의사 결정 프로세스에 관한 가이드라인 ; 인공적 수분과 영양의 도입을 중심으로」[4]와 같은 윤리 관련 가이드라인도 준수해야 한다.

(4) 비밀 유지

사례와 관련하여 취득한 정보는 제3자에게 누설하거나 부주의하게 퍼뜨리지 않도록 보안유지에 대한 방침을 미리 정하여 세심한 주의를 기울여야 한다. 자신의 시설·사업소에 오고가면서, 휴식시간이나 보고자의 자택에서 사례에 대해 이야기하거나 소문을 내서는 안 된다.

(5) 발표 시 개인정보 배려

사례보고에서 개인이나 조직의 정보를 기술하는 경우에는 관련된 개인이 특정되지 않도록 배려해야 한다. 개인의 이름을 기재하지 않는 것은 물론이고, 지명이나 이용기관명, 학력, 직업, 경력 등의 정보에서도 개인이 특정되지 않도록 기술방법을 배려해야 한다. 소규모 사업소를 이용하는 치매인과 가족에 대한 사례보고인 경우에는 특히 개인이 특정되기 쉬우므로 엄격하게 배려해야 한다.

2) 학술적인 윤리적 사항

학술잡지에 투고를 할 때는 다음과 같은 윤리적 배려를 할 필요가 있다.

(1) 인용 내용 명시

사례보고에서 타인의 사례보고 및 연구성과, 저작물 등을 언급한 경우, 그것이 저자의 지적 재산임을 의식하여 반드시 원저자 이름 및 발표연도를 명기하고 그 부분이 인용된 것임을 밝혀야 한다. 인용이 명확하지 않으면 표절이 된다. 이른바 도작盜作이 된다. 서적을 비롯하여 그림·도표·사진 등을 사용하는 경우에도 원전原典을 명확히 밝힌다.

인용을 할 때에는 허락을 받아야 하는 경우도 많기 때문에 보고자가 허락의 필요성을 확인한 뒤, 그에 따라 허가를 받는다. 특히 그림·도표·사진을 복제 사용하는 경우에는 출판사 및 저자의 허가가 필요하기 때문에 주의해야 한다.

(2) 정보 조작 금지

절대로 데이터를 조작해서는 안 된다. 조작이 탄로 났을 경우, 보고자는 신용을 완전히 잃게 된다. 정보를 부분적으로 위조하는 것도 조작으로 간주된다.

이상은 사례보고를 하는 데 있어서 윤리적 배려에 대한 설명이었다. 이러한 것들을 감안하면, 의사 결정 능력이 저하된 치매인을 대상으로 하는 경우, 가족의 승낙을 얻었다고 해서 윤리적 배려를 다 했다고 생각해서는 안된다.

V 사례보고 작성방법의 실제

여기서는 사례보고에 포함시켜야 할 사항(표 7-2) 등을 작성하는 원칙에 대해 설명하고자 한다. 실제로 사례보고를 작성할 때는 이 사항들이 포함되어 있는 것이 중요하다. 하지만 본문 제목과 목차가 반드시 다음 사항처럼 되어야 한다는 것은 아니다. 각각의 사례에 맞게 적절한 제목과 목차를 붙일 필요가 있다.

1. 제목(보고서의 문제의식이 전해질 수 있는 표현을 선택)

사례보고의 제목은 보고자가 어떤 사례를, 어떤 문제의식을 가지고 되돌아보았는지 어떤 배움이나 생각을 얻었는지를 독자에게 간결하게 전해지도록 표현하는 것이 중요하다. 특히 어떤 사례를 어떤 문제의식으로 되돌아보았는지를 구체적으로 표현하는 것이 중요하다. 자신의 평소 노력을 독자에게 알리고 싶어서 본인의 치매케어를 칭찬하는 듯

한 제목을 사용하면 치매인 중심 케어에서 벗어나게 될 수 있으므로 주의해야 한다. 또한 유사한 사례들에 전부 갖다붙여도 될만큼 추상적인 제목을 사용할 경우, 개별 사례를 돌아보는 의미가 없어지기 때문에 유의해야 한다.

2. 서론(보고자가 느끼고 있는 문제의식을 바탕으로 이 사례보고를 쓰려고 한 이유와 목적을 간결하게 기록)

「서론」에서는 이미 많은 사람이 알고 있는 일반론을 자세하게 서술할 필요는 없다. 오히려 보고자 자신의 입장에서 사례에 대해서 궁금한 것과 문제로 여기고 있는 것, 왜 궁금하게 되었는지 등 사례보고를 하게 된 동기를 자기 나름의 표현으로 독자가 쉽게 이해할 수 있게 쓴다. 즉, 제목에서 표현한 보고자의 문제의식을 여기서 다시 한 번 제대로 쓰는 셈이다. 그때 보고자의 문제의식이 「치매인 중심 케어」 등의 이념 실현을 목표로 한 것인지를 반드시 확인해야 한다. 그러기 위해서는 사업소 컨퍼런스에서 화제가 되었던 것이나 연수회 등에서 배우고 깨달은 것, 기록하면서 궁금했던 것을 문제의식으로 삼는 것이 좋다.

또한 보고자의 직종이나 직위 등의 입장과 사례와의 관계, 보고자의 케어 및 대응과정의 개요를 간략하게 기술하는 것도 중요하다. 이러한 것들에 대해서 「서론」에서는 간결하고 알기 쉬운 표현으로 기술한다.

또한 그 사례에 대해 보고자가 신경 쓰고 있는 것과, 문제로 여기고 있는 것이 치매 케어 전체 혹은 사회에서 어떻게 받아들여지고 있는지, 그동안 의식되지 않았던 새로운 문제인지에 대해서도 기술해두면, 독자는 보고자의 사례를 통해 배운 것이 치매케어나 사회 전체에 어떤 의미를 주는지 확인할 수 있을 것이다.

⟨ 표 7-2 ⟩ 사례보고 형식

1. 제목	어떤 사례를, 어떤 문제의식으로 돌아보았는지를 구체적이고 간결하게 표현하기
2. 서론	사례보고를 쓰려는 이유와 목적, 이념·목표로 삼은 치매케어와 현 상황의 괴리로 인한 문제의식을 알기 쉽게 서술하기
3. 윤리적 배려	사례보고에 대해 관계자의 동의를 적절하게 얻은 것, 개인정보보호가 충분히 이뤄졌다는 것을 설명하기
4. 사례 소개	보고자가 문제의식을 가지고 있는 사례에 관한 기본 정보
5. 현황 분석·어세스먼트	보고자가 문제의식을 갖게 된 기존의 구체적인 케어·대응의 현황과 방향
6. 활동내용·구체적 케어	5를 바탕으로 문제를 해결하기 위한 구체적인 케어·대응 내용
7. 활동내용·구체적 케어의 결과	6에서 기술한 구체적인 케어·대응에 의한 사례의 변화 유무, 구체적 변화 내용
8. 고찰 및 평가	6과 7로부터 구체적인 케어·대응 내용의 의의에 대해서 생각한 것
9. 결론	사례를 돌아보면서 보고자가 배운 점과 향후 중요하다고 생각한 것

3. 윤리적 배려(적절한 윤리적 배려가 있었음을 기재)

사례보고에서는 누구에 대해 어떤 이유와 목적으로 어떤 윤리적 배려를 했는지를 구체적으로 명기해야 한다. 그때 「사례보고에서 윤리적 배려에 민감하게 된다」는 항목에 유의하고 구체적으로 기술하는 것이 바람직하지만, 특히 사례보고에 기재되는 관계자의 동의를 어떻게 얻었는지, 개인정보를 얼마나 보호하고 있는지는 반드시 기재해야 한다. 하지만 단순히 쓰기만 하면 된다는 것은 아니다. 매일의 케어 및 대응은 물론, 사례를 돌아보는 것에서부터 지면 게재까지 치매인 자신과 가족, 관계직원, 조직, 인용문헌 저자,

나아가 독자에 이르기까지 윤리적 배려가 세심하게 되고 있는지 아닌지는, 용어의 사용이나 장면에 대한 기술 등을 통해 여기저기에 나타나게 된다는 것을 의식해야 한다.

4. 사례 소개(보고자가 문제의식을 갖게 된 사례에 관한 기본정보)

사례를 소개하는 기본정보에 대한 항목을 〈표 7-3〉에 나타내었다.

단, 이러한 기본정보를 반드시 다 포함시켜야 한다는 것은 아니다. 온갖 정보를 파악해서 기술해야 한다는 생각에 빠질지도 모르지만, 그런 생각은 대상자 및 관계자에게 필요 이상의 부담을 주게 되어 윤리적으로도 문제가 생길 수 있다. 어디까지나 보고자가 「궁금해하고 있는 것」, 「문제로 여기고 있는 것」에 관련된 항목을 생각하여 수많은 정보 중에서 선택하여 기재한다.

5. 현황분석·어세스먼트(문제 상황과 기존의 구체적인 케어·대응의 현황, 왜 문제가 일어나고 있는지 생각한 것을 기록)

보고자는 「치매인 중심 케어」라는 이념의 실현을 지향하면서, 각각의 사례에 문제의식을 가질 수 있는지 없는지를 생각하는 것이 중요하다. 다시 한 번 이념의 중요성과 이념을 고려하여 문제를 파악하고 있는지를 확인해야 한다.

또한 각각의 사례에서 일어난 문제를 해결하고 케어 질의 향상을 목표로 효과적인 대응을 하려면, 문제의 원인이나 요인을 생각해 봐야한다. 누구보다도 빨리 어떻게든 해보겠다는 단순한 생각으로 케어나 행동을 수행하면 문제를 해결할 수 없다. 왜 그런 문제가 일어났는지 원인과 요인을 생각하려면 우선 사례의 상태와 케어 및 대응 현황에

〈 표 7-3 〉 사례 소개를 위한 기본 항목(예)

(1) 치매인의 사례인 경우		
• 익명화된 사례의 명칭 • 연령 • 성별 • 키·체중 • 케어필요 정도 • 본인의 희망 • 가족 구성	• 치매 진단명 • 치매 정도 • 인지기능 수준 • ADL·IADL이나 생활장애 • 케어·의료서비스 이용에 이른 경위 • 개인생활사	• 치매가 되기 전후의 성격 • 과거 병력 • 현재 질병 • 치료 상황(복약 포함) • 생활환경 • 이용 중인 복지용구 등

(2) 한 단체·조직의 사례인 경우		
지역	• 익명화된 지역의 명칭 • 인구 • 고령화율 • 지형적 특징	• 특징적인 산업 • 케어·의료에 관한 시책 • 각종 케어·의료서비스 기관의 수와 그러한 것들의 연계 상황의 특징 등
시설· 사업소	• 익명화된 명칭 • 시설·사업소 이념·목표·방침·중점 과제 • 법인 전체의 이념·목표·방침·중점 과제의 규정 • 법이 실시하고 있는 다른 서비스 간의 연계 상황 • 평균 서비스 이용일 수 • 조직 체계 • 인원 체계 • 직원의 보유자격과 인원수 • 위원회 조직과 각 활동상황 • 근무자 수(비율)	• 이직자 수(비율) • 침상의 이용률 • 케어 매니지먼트를 실시하기 위한 시설·사업소 내의 구조 • 현장교육의 체계 • 이용자 정원 • 이용자의 성별·연령·케어필요 정도 등의 기본적 속성 • 평균 이용일수 등
부서나 층별 유닛 (floor unit)	• 이념·목표·방침·중점 과제 • 인원 체계 • 직원의 보유자격과 인원수 • 근무 체계 • 케어 매니지먼트를 위한 부서나 층별 유닛(floor unit) 안에서의 구조	• 현장교육 체계 • 이용자 정원 • 이용자의 성별·연령·케어필요 정도 등 기본적 속성
가족의 특징	• 익명화된 사례의 명칭 • 연령·성별 • 가족의 희망 • 가족 구성 • 개인생활사 • 취업 상황 • 과거 병력	• 현재 이환하고 있는 병 • 치료 상황(복약을 포함) • 생활환경 • 가족의 가치관 • 케어의 상황 • 케어필요자의 정보(연령·성별, 케어필요정도, 치매인의 희망, 치매의 진단명·정도, 각 인지기능의 수준, 서비스의 이용에 이르기까지의 경과, 개인생활사, 과거병력, 치료 상황, 생활환경) 등

대해 사실을 시간 경과에 따라 상세히 기술한다. 이후 기본적인 정보로서 기재된 내용과 케어·대응이 사례에서 어떤 의미가 있는지를 파악한다.

케어 및 대응을 기술할 때 거기에서 일어나고 있는 의사소통에 대해서 정확하게 표현하는 것을 중요하게 생각해야 한다. 특히 비언어적 의사소통에 대해서는 〈표 7-3〉에 나타낸 것을 참고하여 세심하게 기재해야 한다.[5] 사례와의 관계에서 이루어지고 있는 비언어적 의사소통에 대해서는 지금까지 언어화한 것이 없었다고 하는 경우도 있을 것이다. 이처럼 「행동은 있었지만 말로 표현하지 않았다」라는 것을 적절한 표현으로 설명할 수 있게 되기를, 사례보고에서 꼭 도전해 보길 바란다.

다음으로 각각 중요한 의미가 있는 정보들이 어떤 관련성이 있는지 밝히는 것도 필요하다. 그리고 보고자가 알고 있는 전문 지식을 활용하여 「왜 그런 문제가 일어나게 되었을까라고 하는 인과 관계, 즉 어떠한 원인과 요인으로 이러한 결과와 문제가 일어났는지에 대한 관계」를 정리하여 밝힌다. 이것은 논리적 사고이다. 〈그림 7-1〉에 나타낸 것처럼 인과관계를 간파하고, 관련 그림으로 표현함으로써 문제 해결에 효과적으로 대응할 수 있다.

이러한 사고 과정을 바탕으로 상황 분석과 어세스먼트에서는 사례에 대한 문제의 원인과 요인이라고 여겨지는 상황이나 상태(정보)를, 그렇게 파악한 이유와 함께 어떤 입장의 독자가 읽어도 이해할 수 있도록 객관적이고 구체적으로 기술한다. 기술할 때는 보고자의 치매케어에 관한 전문적 지식을 정확하게 활용하는 것이 좋다. 원인과 요인에는 「어떻게든 그렇게 생각했기 때문」인 것만으로는 부족하다.

사례에서 문제가 일어난 원인과 요인은 한 가지만 있는 것이 아니다. 치매케어 사례에서는 여러 인과관계가 존재하기 때문에 문제가 해결되지 않은 채로 멈춰 있는 경우가 많다. 따라서 문제의 원인·요인을 그것이라고 특정해도 괜찮을지, 과연 그것뿐인지, 그것 이외에 어떤 원인·요인이 있는지 비판적 사고를 하는 것이 사례를 깊이 되돌아보기 위해 보고자에게는 필요한 자세이다. 즉, 현재의 문제가 왜 일어났는지 원인·요인을 논리적 사고·비판적 사고를 통해 분석하는 것이다.

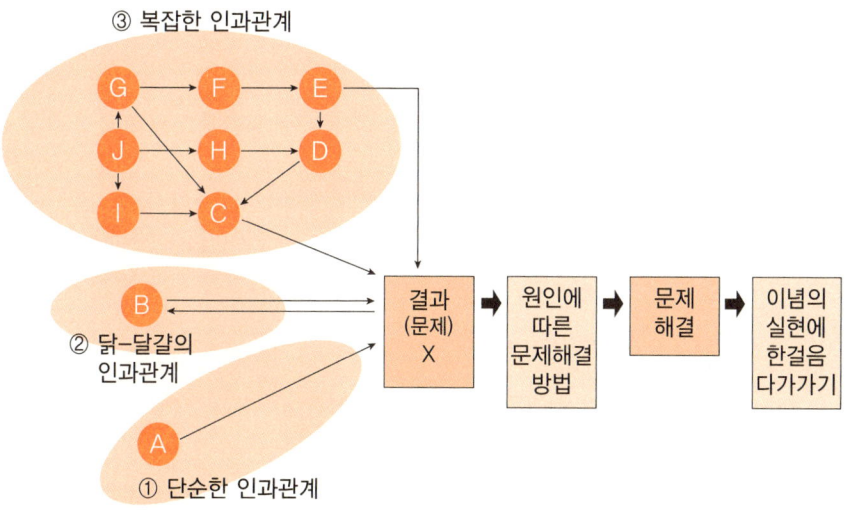

〈 그림 7-1 〉 인과관계와 문제 해결

(출처) グロービス経営大学院著:新版MBA 크리티컬·싱킹. 70-83, ダイヤモンド社, 東京(2005)을 바탕으로 筆者가 作成.

〈그림 7-1〉에 나타난 것처럼 인과관계 패턴으로 대표적인 것은 다음 3가지가 있다.
① 순수한 인과관계 : 원인이 먼저 있고 거기서부터 결과가 생기는 인과관계
② 닭—달걀의 인과관계 : 원인에서 발생한 결과가 그보다 이전의 원인을 일으키는 인과관계(실제로는 어느 쪽이 원인이고 어느 쪽이 결과인지 분간하기 어려운 것)
③ 복잡한 인과관계 : 위의 2가지 패턴이 복잡하게 얽히고설킨 인과관계

특히 치매케어에서는 ③ 복잡한 인과관계에 의해 문제가 일어난 사례가 많다고 생각된다. 이것을 참고로 하여 사례에서 문제를 일으키고 있는 인과관계를 상세하게 파악하여 기술한다. 게다가 「A의 원인은 B」라고 생각하는 것에 그치지 않고, 「그러면 B의 원인은 무엇인가?」라고 다시 한번 인과관계를 따져보면, 문제와 그 원인·요인에 대한 전체상을 파악할 수 있게 된다.5) 〈그림 7-2〉에는 관련도의 구체적인 사례가 나타나 있다. 밤

에 자택의 조명을 전부 켜놓고 돌아다니는 치매인(A씨)의 사례에 대해 인과관계를 관련 그림[6]으로 나타낸 것이다.

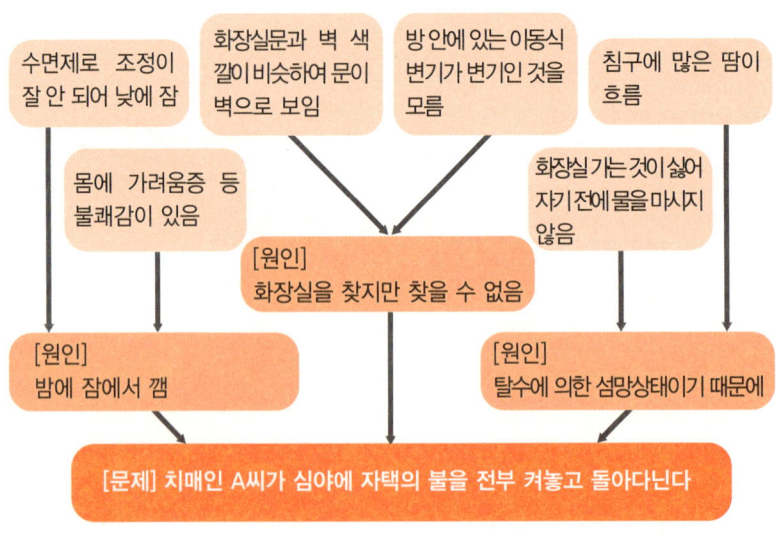

〈 그림 7-2 〉 자택의 조명을 켜놓고 돌아다니는 원인과 그 배경

(출처) 中村考一 : 認知症ケア事例ジャーナルにおける事例報告のまとめ方.認知症ケア事例ジャーナル, 3(2) : 189-198(2010).

여기서는 현황 분석·어세스먼트를 정확하게 실시하기 위한 유의점에 대해서 설명하고자 한다. 우선, 논리적 사고와 비판적 사고를 진행시킬 때, 보고자 자신의 현재까지의 자세, 생각, 케어 및 대응에 대해 실제로는 문제의 원인·요인이 될 만한 것은 제외하는 경향이 있다. 사례를 돌아본다는 것은 자신의 케어 및 대응의 의미를 객관적으로 해석하는 것이다. 보고자가 자기 자신을 객관적으로 보고, 원인·요인 중 하나가 될 수 있다는 전제를 가지고 있는 것이 사례보고에서 특히 중요하다.

또한 정보에 의미를 부여하고 문제의 원인·요인을 밝힐 때, 「사례로서의 사실 및 의미

부여」와 보고자 개인의 가치관과 판단 기준에 의한 생각을 혼동하지 않도록 유의해야 한다. 정보에 의미를 부여한다는 것은 보고자가 자신의 가치관과 판단기준으로 선과 악, 옳고 그름을 결정하는 것이 아니라, 그 정보가 사례로서 어떤 의미가 있는지를 보고자가 치매케어에 관한 전문지식을 구사하고 해석해 나가는 것이다. 사례보고의 목적은 자신들의 치매케어의 실천을 돌아보는 것이며, 자신이 어떤 사실에 근거하여 어떻게 해석하는지를 성찰省察하여 밝히는 단계가 상황 분석·어세스먼트이다. 따라서 기술할 때에도 사례로서의 사실이 독자에게 전해질 수 있도록 표현하는 것이 필요하다. 그러므로 육하원칙(5w1h)에 의하여 기술하면 좋다

6. 활동내용과 케어(현황 분석을 바탕으로 문제 해결을 위한 활동내용과 구체적인 케어 내용을 상세히 기록)

문제가 일어난 상황에서 원인·요인을 분석할 수 있다면, 다음으로 문제를 해결하고 개선하기 위한 구체적인 내용과 케어를 검토·실시하여 그것들을 구체적으로 기술한다. 문제를 해결하고 개선하기 위한 구체적인 활동내용과 케어는 문제의 원인·요인을 제거하거나 완화하는 것을 안전하고 확실하게 할 수 있다는 것이다. 여기에서 사례나 관여하는 사람들의 생명에 위험이 미치거나 위해나 불이익이 예상되는 것, 근거가 없는 행위를 하게 되면 윤리적 문제가 발생한다.

또한 활동내용과 케어를 기술할 때도 어떤 직종, 직위, 어떤 입장에 있는 사람이 읽어도 다르게 이해하지 않도록 구체적으로 알기 쉽게 기술한다. 하나하나의 활동내용과 케어에 대해서 육하원칙을 의식하고 쓴다. 약어나 보고자와 같이 근무하는 시설·사업소 사람밖에 이해할 수 없는 암호와 같은 표현도 피해야 한다. 게다가 활동내용과 케어의 흐름이 시간 순으로 기술되어 있으면, 「평가 및 고찰」에서 실시한 활동내용과 케어

가 사례로서 어떤 의미가 있었는지, 효과적이었는지 등을 보고자도 독자도 객관적으로 검토하기 쉽다.

7. 활동내용과 케어의 결과 (활동내용과 케어에 의해 사례가 어떻게 되었는지, 사례의 변화 여부와 구체적 변화를 기록)

여기에서는 실시한 활동내용과 케어에 의해 사례에 어떤 변화가 일어나 문제가 해결되었는지, 해결은 하지 못했더라도 어떤 변화가 일어났는지 혹은 변화가 없었는지에 대해 구체적이고 객관적으로 설명한다. 다만, 숫자로 나타내고 측정치를 기재하는 등 양적인 변화가 명시되어야 하는 것은 아니다. 사례에는 표정이나 언행, 생각 등 수치로 표현할 수 없는 사실도 많이 있다. 오히려 사례와의 관련 속에서 비언어적 의사소통도 포함하여, 사례보고에서 수치로는 나타낼 수 없거나 수치화하기 어려운 것에 대해서도 어디까지나 사례로서의 사실, 사례에서 일어났던 사실을 구체적으로 표현하고 기술한다. 자신이 어떤 사실에 근거해서 어떤 해석을 하는지 의식하고 기술함으로써, 보고자는 결과를 객관적으로 해석하게 되고 독자는 쉽게 이해할 수 있게 된다.

8. 고찰 및 평가 (구체적인 케어·대응 내용의 의의에 대해서 생각한 것을 기록)

사례에 왜 변화가 일어난 것인지, 실시한 활동내용과 케어 사이에 어떤 관계나 관련이 있었는지 등을 보고자는 깊이 생각하고 그렇게 생각한 근거와 함께 설명한다. 물론 사례에는 기대했던 것만큼 좋은 변화가 일어나지 않거나 예측못한 좋지 않은 변화가 일어났다고 해도, 사례 변화의 유무나 변화의 모습과 실시한 활동내용·케어와 어떤 관계가 있었다고 생각되는지를 근거와 함께 설명한다. 그 경우 상황 분석, 어세스먼트가 적절했는지를 재검토하고 기술해야 한다. 그리고 활동내용과 케어가 효과적이었는지, 사례로서 어떤 의미가 있었는지, 보다 의의있는 활동내용과 케어를 실시하기 위해서는 향후 구체적으로 어떻게 해야 좋을지에 대해서 보고자가 생각한 것을 서술한다. 사례를 되돌아보는 것은 인과관계를 파악한다는 논리적 사고가 항상 열려 있기 때문에 고찰 및 평가가 단순히 「좋았다」, 「나빴다」, 「기쁘다」, 「실망했다」 등의 감상에 그쳐서는 안 된다.

한편, 고찰 및 평가에서 어떤 사례에서 배운 것이나 생각을 치매케어 전체의 보편화된 연구 내용인 것처럼 쓰면 안 된다. 보고자는 보고한 한 사례의 범위에서만 말할 수 있다는 것을 알아야 한다. 수많은 사례보고가 이루어짐으로써 보편화 할 수 있는 지견이 비로소 분명해지게 된다.

9. 결론(사례를 돌아보면서 보고자가 배운 점과 향후 중요하다고 생각한 것을 기록)

「서론」에서 「고찰 및 평가」에 이르기까지 설명한 내용을 근거로 「결론」에서는 사례를 돌아보는 것으로 보고자가 배운 것의 요점을 다시 설명한다. 게다가 향후 과제로서 알게 된 것과 앞으로 더 돌아보거나 도전하고 싶다고 생각한 것을 간결하게 설명한다.

10. 초록과 키워드(투고원고의 핵심을 초록으로 정리하고 키워드를 사용)

집필요강을 확인해 보면 보고자는 초록을 쓰도록 되어 있다(영문 초록이 필요한 경우도 있다). 이것은 작성원고의 개요를 제한된 글자 수 내에서 간결하게 만드는 것이다. 사례에서 일어난 상황과 보고자가 해결하려고 하는 문제, 문제의 원인·요인의 현황 분석·어세스먼트, 그 분석에 기초한 활동내용과 케어, 그 결과로 그들을 토대로 한 고찰과 평가에 대해서 핵심만을 제한된 글자 수 내에서 기술한다.

또한 그 사례보고에 의해서 보고자가 전하고 싶은 것을 제시하고, 독자가 내용을 이해하는 데 중요한 대표적인 용어를 키워드라고 한다. 예를 들어『치매케어 사례 저널』에서는 키워드를 5단어 이하로 쓰길 권장한다. 작성한 사례보고에서 주제어를 선정하는 것이 좋다. 키워드에는 보고자도 독자도 확실하게 이해할 수 있는 일반적인 용어를 사용한다. 사례보고에서 사용하지 않은 용어나 새롭게 만든 용어를 키워드로 하면 독자가 이해하는 데 있어서 혼란스럽기 때문에 주의한다.

VI 사례보고 작성 후 실시하면 좋은 것

사례보고를 전부 다 작성했다면 제목에서부터 마지막 한 문장까지 소리내서 읽어보길 바란다. 자신이 기술한 사례보고 원고를 다른 직종이 읽어도 이해할 수 있는 표현 내용과 맥락으로 되어 있는지 확인하면서 스스로 읽고 자신의 귀로 듣는다. 음독하여 한 문장이 길다거나 뜻을 이해하기 어렵다고 느껴진다면 표현을 검토하기 바란다. 이때 투고규정, 집필요강에 따르고 있는지 오자 탈자가 없는지도 점검한다. 제목이나 초록이 사례보고 전체를 반영하는 표현이 되어 있는지도 다시 한 번 확인해야 한다.

결론

　사례를 돌아보고 사례보고로 집필하여 실제로 투고한다는 것은 결코 쉽지 않다. 보고자 자신의 과제나 경향, 버릇과 직면하는 일이기 때문에 지금까지의 본인의 치매케어를 스스로 되묻는 작업이 필요하다. 하지만 시간이 어느 정도 지난 뒤에 사례에 대한 문제를 분석하고, 효과적인 활동내용과 케어를 생각하여 실행하는 것은 누구나 할 수 있는 일이다. 이런 사례보고를 세밀하게 반복함으로써 문제 속에 있으면서도 원인·요인이 되는 것을 즉시 파악하여 문제 해결을 위한 효과적인 케어 및 대응을 그 순간 그 자리에서 확실하게 실시하여 평가까지 할 수 있게 된다. 이것이 케어 능력의 향상이다. 사례를 돌아보고 치매케어에 대한 실천력을 더 높이기 위해서, 사례보고를 정리하는 것을 계속하여 실천하길 바란다.

저자 목록

堀内 ふき　　　　　　　佐久大学看護学部
ほりうち ふき　　　　　제1장 치매케어의 원칙과 방향성

箕岡 真子　　　　　　　東京大学大学院医学系研究科客員研究員／箕岡医院
みのおか まさこ　　　　제2장 치매케어의 윤리

岩間 伸之　　　　　　　大阪市立大学大学院生活科学研究科
いわま のぶゆき　　　　제3장 치매인과의 의사소통

大渕 律子　　　　　　　鈴鹿医療科学大学看護学部
おおぶち りつこ　　　　제4장 정보수집과 어세스먼트를 위한 도구의 활용 - Ⅰ

六角 僚子　　　　　　　獨協医科大学看護学部
ろっかく りょうこ　　　제4장 정보수집과 어세스먼트를 위한 도구의 활용 - Ⅱ

梅﨑かおり　　　　　　　佐久大学看護学部
うめざき かおり　　　　제5장 치매의 어세스먼트·케어플랜과 실천

松本 一生　　　　　　　医療法人圓生会松本診療所
まつもと いっしょう　　제6장 치매인에 대한 재택지원

諏訪さゆり　　　　　　　千葉大学大学院看護学研究科
すわ さゆり　　　　　　제7장 사례보고 정리방법

문 헌

1장 1) 厚生労働統計協会 : 国民衛生の動向 2016/2017. 厚生労働統計協会, 東京(2016).

2장 (주1) 타라소프 사건이란 정신과에서 환자가 어떤 아름다운 여자를 죽일 거라고 의료인에게 털어놓았는데, 비밀엄수의 의무 때문에 의사가 본인이나 부모에게 위험을 경고하지 않아 결국 여자가 살해된 사건이다.

1) 箕岡真子:認知症ケアの倫理. ワールドプランニング, 東京(2010).
2) 箕岡真子:正しい看取りの意思確認. ワールドプランニング, 東京(2015).
3) 箕岡真子, 稲葉一人:ケースから学ぶ高齢者ケアにおける介護倫理. 医歯薬出版, 東京(2008).
4) 箕岡真子:「私の四つのお願い」の書き方;医療のための事前指示書. ワールドプランニング, 東京(2011).
5) 箕岡真子, 藤島一郎:摂食嚥下障害の倫理. ワールドプランニング, 東京(2014).
6) 箕岡真子編著:生命倫理／医療倫理;医療人としての基礎知識. 日本医療企画, 東京(2013).
7) 箕岡真子, 稲葉一人:わかりやすい倫理;日常ケアに潜む倫理的ジレンマを解決するために. ワールドプランニング, 東京(2011).
8) 箕岡真子:亡き後への支援;喪失感と看取りの満足度. (新田國夫編著)家で死ぬための医療とケア;在宅看取り学の実践, 119-124, 医歯薬出版, 東京(2007).
9) 箕岡真子:人間の尊厳の保持;尊厳と生命倫理. (白澤政和編)人間の尊厳と自立, 23-50, ミネルヴァ書房, 京都(2013).
10) 箕岡真子:バイオエシックスの視点よりみた認知症高齢者における自己決定と代理判断. (新井 誠編)成年後見制度と医療行為, 159-188, 日本評論社, 東京(2007).
11) 箕岡真子:蘇生不要指示のゆくえ;医療者のためのDNAR指示. ワールドプランニング, 東京(2012)

3장 1) 岩間伸之:対人援助のための相談面接技術;逐語で学ぶ21の技法. 中央法規出版, 東京(2008).

4장 1) Finkel SI, Costa e Silva J, Cohen G, et al.: Behavioral and psychological signs and symptoms of dementia; a consensus statement on current knowledge and implications for research and treatment. International Psychogeriatrics/IPA, 8(Suppl.3) : 497-500(1996).

6장 1) 国際アルツハイマー病協会第20 回国際会議・京都・2004 報告書(2005).
2) 佐藤雅彦:認知症になった私が伝えたいこと. 大月書店, 東京(2014).
3) 認知症介護研究・研修東京センター監:認知症の人の支援と訪問介護の計画, 中央法規出版, 東京(2007).
4) 認知症の人と家族の会大分県支部編:足立昭一型という若年期認知症;困難を生きる2人のラブストーリー. 認知症の人と家族の会大分県支部, 大分(2007).
5) 矢吹知之編著:認知症の人の家族支援. ワールドプランニング, 東京(2015).
6) 松本一生:家族と学ぶ認知症;介護者と支援者のためのガイドブック. 160-165, 金剛出版, 東京(2006).
7) 松本一生:認知症の生活リズムとせん妄の発症. 日本認知症ケア学会誌, 6(1):78-83(2007).
8) HS サリヴァン, 中井久夫訳;精神医学的面接. みすず書房, 東京(1986).
9) 松本一生:在宅介護を取り巻くリスク. 日本認知症ケア学会誌, 13(3):594-600(2014).
10) 松本一生:本人が不安を受容し自己効力感を高めるために. 老年精神医学雑誌, 26(9): 967-972(2015).

7장 1) 赤林　朗編:入門・医療倫理Ⅰ. 65-68, 勁草書房, 東京(2005).

2) 日本認知症ケア学会(2012)「倫理綱領」(http://184.73.219.23/d_care/gakkaishi/jirei/journal4.html).

3) 厚生労働省(2007)「終末期医療の意思決定プロセスに関するガイドライン」(http://www.mhlw.go.jp/shingi/2007/05/dl/s0521-11a.pdf).

4) 大橋理枝, 根橋玲子:コミュニケーション論序説.43-46, 放送大学教育振興会, 東京(2007).

5) グロービス経営大学院著:新版MBA クリティカル・シンキング. 70-83, ダイヤモンド社, 東京(2005).

6) 中村考一:認知症ケア事例ジャーナルにおける事例報告のまとめ方.認知症ケア事例ジャーナル, 3(2):189-198(2010).

치매케어 텍스트북 Ⅱ 총론(개정판)

발행일   2019년 5월
인 쇄   1판 1쇄
엮은이   일본인지증케어학회
옮긴이   황재영
펴낸이   황재영
편 집   손유진
디자인   임수진
펴낸곳   주식회사 노인연구정보센터

서울특별시 용산구 한강대로 295 남영빌딩 303호
전화 070-8274-2100 팩스 02-701-0840
www.eic2010.co.kr

Copyright ⓒ 주식회사 노인연구정보센터, 2019, Printed in Korea.
ISBN 978-89-97117-57-4

이 도서의 국립중앙도서관 출판예정도서목록(CIP)은 서지정보유통지원시스템 홈페이지(http://seoji.nl.go.kr)와
국가자료종합목록시스템(http://www.nl.go.kr/kolisnet)에서 이용하실 수 있습니다.
(CIP제어번호 : CIP2019017887)

이 책의 내용을 무단 복제하는 것은 저작권법에 의해 금지되어 있습니다.
파본이나 잘못된 책은 교환해 드립니다.